汽车技术精品著作系列

汽车变速器振动与噪声

安木金　编著

机械工业出版社

汽车的NVH性能是汽车舒适性的重要评价指标，而现在汽车变速器的振动噪声对整车NVH的影响越来越大。本书首先介绍了变速器齿轮的基础知识，总结了振动噪声和信号分析的基础内容；然后系统地介绍了变速器振动噪声的频谱和特征，包括轴转速的低谐波、啮合频率的谐波及边频、次谐波、幽影频率，以及敲击与啸叫、轴系扭振、转子的临界转速、转子涡动、振动噪声信号的调制、阶次分析、典型故障对应的信号特征等；最后全面介绍了变速器振动与噪声优化的相关内容，包括传递误差、变速器结构、运行状态的影响、悬置优化、频率的改变、阻尼的影响、生产质量控制、经济性以及仿真技术的应用等。本书从实际出发，循序渐进、逻辑清晰地进行了内容总结和理论提炼，是研究变速器振动噪声的实用参考书。

本书适用于汽车变速器设计、制造及齿轮振动噪声分析的工程技术人员，也可作为高校师生以及相关单位和咨询机构工作者的参考书。

图书在版编目（CIP）数据

汽车变速器振动与噪声 / 安木金编著．—北京：机械工业出版社，2024.3
（汽车技术精品著作系列）
ISBN 978-7-111-75467-1

Ⅰ．①汽⋯　Ⅱ．①安⋯　Ⅲ．①汽车 – 变速装置 – 振动控制 ②汽车 – 变速装置 – 噪声控制　Ⅳ．① U463.212

中国国家版本馆 CIP 数据核字（2024）第 062392 号

机械工业出版社（北京市百万庄大街22号　邮政编码100037）
策划编辑：何士娟　　　　　责任编辑：何士娟
责任校对：甘慧彤　刘雅娜　封面设计：马精明
责任印制：张　博
北京建宏印刷有限公司印刷
2024年7月第1版第1次印刷
184mm×260mm ・11.25 印张・280 千字
标准书号：ISBN 978-7-111-75467-1
定价：129.90 元

电话服务　　　　　　　　网络服务
客服电话：010-88361066　机　工　官　网：www.cmpbook.com
　　　　　010-88379833　机　工　官　博：weibo.com/cmp1952
　　　　　010-68326294　金　书　网：www.golden-book.com
封底无防伪标均为盗版　　机工教育服务网：www.cmpedu.com

序言
FOREWORD

随着汽车工业的飞速发展，汽车的振动与噪声水平已经成为衡量汽车好坏的一项重要指标，甚至可以影响一部汽车在市场上的销售前景。振动与噪声控制通常也是所有技术中投入最多的一项技术，各大汽车主机厂及零部件供应商都为此投入了巨大的人力和物力。其中，随着变速器噪声在整体噪声中比例的相对提高，对它的研究也变得越来越重要。

对于变速器振动噪声的研究，通常需要具备多个方面的知识，包括齿轮系统基础、NVH理论基础以及变速器振动噪声的信号特征梳理等，还需要了解变速器振动噪声优化的相关内容，这些知识的获取需要长期的工程实践和学习积累。本书全面系统地阐述了汽车变速器相关的振动噪声知识，由基础入手、层层递进，可以使工程师们快速地提高自己在变速器NVH方面的专业水平，为汽车变速器NVH开发提供了极具价值的参考。

作者安木金毕业于南京航空航天大学车辆工程系，是我2008级的硕士研究生。他进入汽车行业研发领域多年来，一直保持着不断学习的状态，并经营有专业的技术公众号"汽车CAE仿真知识库"，在动力总成结构强度、疲劳、NVH等多个方面均有研究。他的实践经验丰富，理论基础扎实，从理论与工程技术相结合的角度撰写完成了这本著作。因此，当他邀请我为本书作序时，我欣然同意。

本书包括齿轮基础、NVH和信号处理基础、变速器振动噪声信号特征以及变速器振动噪声优化等内容，循序渐进、逻辑清晰地对汽车变速器振动和噪声的知识进行了总结，同时对实际工程问题进行了理论提炼，是变速器振动噪声方面的实用参考书。

南京航空航天大学教授、博导
中国机械工程学会高级会员
中国振动工程学会高级会员
中国仪器仪表学会高级会员
美国SAE会员
博士

自序
PREFACE

其实,最开始的时候我并没有想过会出书,这一切还得从几年前的一次工作经历说起。

那年,我当时所在的公司进行机构调整,所有的管理岗位都需要重新竞聘。那时的我觉得自己在这一领域工作了多年,完全可以胜任,就去参加了一个部门的领导岗位竞聘,但结果是我落选了。我至今仍记得领导对我的评价:"这么多年了,还是干这点东西。"

"这么多年了,还是干这点东西。"——我当时特别不理解这句话,只是觉得很伤心,伤心到手足无措。因为我觉得当时做的东西不就是这个领域所需要的吗?

"这么多年了,还是干这点东西。"——我后来特别理解这句话,甚至体会到领导当时对我的失望。因为在更高的层次看来,在这之前的我就是一个井底之蛙。

也是从那时起,我开始疯狂地扩展学习,还记得我当时啃的第一本书是《汽车变速器——理论基础、选择、设计与应用》,然后又翻了一遍《汽车构造》《汽车设计》《汽车理论》,再后来就是关于变速器设计、结构强度、金属工艺、电机振动噪声、汽车噪声原理、振动力学、车辆动力学等方面的书。后来我就养成了一个习惯,每天晚上必须看书或学习1~2个小时,如果有一天不学习竟然都会有种负罪感,也突然发现CAE这个行业对工程师的要求太高了,必须对各个方面的知识都有一定深度的了解。

但看的书多了也出现一个问题,就是前面看过的内容,如果短期内没有应用就容易忘掉,即使时常把看过的内容再看一遍。而且,看过的书越多,就越发现需要看的书更多。于是后来我就想了一个办法:做个微信公众号,把看过的内容整理成文章做成自己的学习笔记,如果有人觉得不错关注了,还可以把知识进行分享。所以就诞生了"汽车CAE仿真知识库"这个公众号。

最开始的时候我只是想把这个公众号做好,把自己看过的书总结好,有人关注了就把知识进行分享,出书这种操作我一直觉得离我很远,直到我开始研究汽车变速器的NVH问题。

对于动力总成来说,无论是发动机还是变速器或驱动桥,都会或多或少地存在由齿轮产生的振动噪声问题,而去查阅资料时又找不到能够系统介绍这方面知识的书籍。碎片化的经验或知识,使汽车变速器的振动噪声内容一直不成体系。我后来找到了两本相关的外文书籍,但其主体内容又和我想象的相差甚远。因此,我就萌生了自己写本书的想法,把汽车变速器的振动噪声内容按我的理解建立体系,能够循序渐进、层层深入、逻辑清晰地进行介绍,同时把我知晓的变速器振动噪声问题进行理论提炼,融入书中,让广大的变速器设计人员或NVH工程师在遇到这方面的问题时,能够有所参考、有所启发。所以,就写了这本书。

在完成本书之后,我开始联系出版。由于是第一次写书,完全不知道出书的具体流程是怎样的,但在查阅了一些资料之后,我最终选择了机械工业出版社,并联系到了出版社的编辑老师。编辑老师很热心,也很积极,我们一起努力地促使本书早日面市,彼此合作也很愉快。如果以后继续出版汽车仿真知识库的系列丛书,我依然希望能与他们继续合作。

一本书介绍的知识是有限的，我也希望这是汽车仿真知识库系列丛书的开始，后面如果有精力的话会给大家带来更多的内容。同时，我也会一直在我的公众号上不断更新与车辆工程相关的结构强度、疲劳、NVH 文章，欢迎大家扫描下方二维码关注我的公众号。

最后，我想把偶像科比的一段话拿来与大家共勉。即使遗憾是人生的常态，但努力和追求梦想总是有意义的！

You guys know that if you do the work, you work hard enough, dreams come true. You know that, we all know that.

我们都知道，只要足够努力了，梦想就能实现。

But hopefully what you get from tonight is understanding that those times when you get up early and you work hard；

但是希望你们也能明白，那些你每天早起付出的努力；

Those times when you stay up late and you work hard；

那些你每天熬夜付出的艰辛；

Those times when you don't feel like working — you're too tired, you don't want to push yourself — but you do it anyway.

那些你不想奋斗了——你觉得太累了，不想再强迫自己了——但仍然咬牙坚持的岁月；

That is actually the dream.

那实际上就是在追求梦想！

That's the dream. It's not the destination, it's the journey.

追求梦想是享受旅途的过程，而不用去在意终点有什么。

And if you guys can understand that, what you'll see happen is that you won't accomplish your dreams, your dreams won't come true, something greater will.

如果你们能够理解这一点，那你们就会明白：即使梦想没有实现，但也总有一些更伟大的事情会随之而来！

安木金

随着汽车市场的不断发展成熟，人们对汽车的认识也日益加深，从当初只是单纯地追求出行便利性到现在追求汽车的各种性能。其中，舒适性已经越来越成为衡量汽车品质的重要因素之一，而汽车的NVH性能作为汽车乘坐舒适性的重要评价指标，也受到了越来越多的重视。作为一本着重关注汽车变速器振动噪声的书籍，本书主要对汽车变速器振动噪声的相关知识进行了全面介绍，力求所述内容具有系统性、逻辑性、先进性。

齿轮是变速器振动噪声的重要研究对象，因此，本书先对齿轮的基本内容进行了介绍，包括齿轮的基本参数、啮合条件、重合度、齿轮的变位及其啮合传动、斜齿轮和行星轮系、齿轮修形等内容。然后，对振动噪声基础和常见的信号处理方法进行了总结，包括振动噪声的各种基本概念、常见特性、刚度、阻尼等，以及傅里叶变换、小波变换、希尔伯特变换等信号处理方法。

在此基础上，引入了变速器振动噪声的相关内容，包括变速器系统频谱和变速器主要的振动噪声特征两部分。其中，前者主要从总体上介绍了变速器的频谱特征以及啮合频率的谐波及边频、次谐波、幽影频率、行星齿轮上的信号等内容；后者则全面系统地介绍了常见的变速器振动噪声频谱特征，如齿轮的敲击与啸叫、轴系的扭振、转子涡动、转子的临界转速、振动噪声信号的调制、阶次分析，并总结了典型故障对应的信号特征，从理论的角度总结了实际工程中遇到的各种问题。

最后，本书总结了变速器振动与噪声优化的相关内容，包括齿轮传递误差、变速器结构及运行状态的影响、悬置优化、频率的改变、阻尼的影响、生产质量控制、经济性以及仿真技术的应用等。

本书适用于汽车变速器设计、制造及齿轮振动噪声分析的工程技术人员，也可作为高校师生以及相关单位和咨询机构工作者的参考书。

本书的主要特色有：

采用循序渐进、层层深入的方法对变速器振动噪声的知识进行介绍，由齿轮基础、振动噪声基础和常见的信号处理方法做铺垫，然后引入了变速器振动噪声的信号特征，最后总结了变速器振动噪声优化的相关内容。

在一些章节的后面，作者对章节中出现的关键名词或概念以"Note"的形式进行了介绍或公式推导，使读者能够对知识有更深入的理解。

在通俗易懂地介绍理论时，本书也会引入一些关键公式，可以使读者在实际工程的应用中，明白关键参数的影响。

本书内容是实际工程应用的理论提炼，是作者深耕动力总成十几年的工作经验总结与分享，实用性强。

由于作者水平有限，书中难免会有错误出现，真诚地欢迎广大读者批评指正，提出宝贵意见。作者邮箱：anmujin0415@126.com。

安木金

序言
自序
前言

第 1 章　绪论 ··· 1
1.1　概述 ·· 1
1.2　本书的主要内容 ·· 1

第 2 章　齿轮基础知识介绍 ··· 3
2.1　概述 ·· 3
2.2　齿轮的分类 ·· 3
2.3　齿轮的基本参数 ·· 4
2.4　渐开线齿轮 ·· 7
2.5　齿轮的啮合条件 ·· 8
2.5.1　齿廓啮合基本定律 ·· 8
2.5.2　渐开线直齿轮的啮合 ··· 9
2.6　齿轮的重合度 ··· 12
2.6.1　重合度的定义 ·· 12
2.6.2　重合度的计算 ·· 12
2.6.3　重合度的意义 ·· 14
2.7　齿轮的变位 ·· 16
2.7.1　基本介绍 ·· 16
2.7.2　齿轮的变位修正法 ·· 16
2.7.3　不根切的最小变位系数 ·· 17
2.7.4　变位齿轮的几何尺寸 ··· 18
2.8　变位齿轮的啮合传动 ·· 19
2.8.1　变位齿轮的传动 ··· 19
2.8.2　变位齿轮传动的类型 ··· 20
2.9　斜齿轮基本参数介绍 ·· 20

2.9.1 基本介绍 ... 20
2.9.2 斜齿轮基本参数 ... 21
2.10 斜齿轮的啮合传动 ... 24
2.10.1 啮合传动介绍 ... 24
2.10.2 当量齿轮和当量齿数 ... 26
2.10.3 斜齿轮传动的优缺点 ... 27
2.11 齿轮系的类型及传动比 ... 28
2.11.1 齿轮系的分类 ... 28
2.11.2 轮系的传动比 ... 29
2.12 行星轮系的设计 ... 32
2.12.1 行星轮系的类型 ... 32
2.12.2 行星轮系设计 ... 33
2.13 齿轮的修形 ... 35
2.13.1 齿轮修形的目的 ... 35
2.13.2 齿轮修形的类型 ... 35

第 3 章 振动噪声基础 ... 42
3.1 声音的基本性质 ... 42
3.2 声音的传播与衰减 ... 42
3.3 声压、声强、声功率 ... 43
3.3.1 声压 ... 43
3.3.2 声强 ... 43
3.3.3 声功率 ... 44
3.4 分贝 ... 44
3.4.1 分贝的来源 ... 44
3.4.2 分贝的定义 ... 44
3.4.3 分贝的使用 ... 45
3.5 响度与声级计权 ... 46
3.5.1 响度 ... 46
3.5.2 声级计权 ... 47
3.6 倍频程 ... 48
3.7 吸声、隔声、消声 ... 49
3.7.1 吸声 ... 49
3.7.2 隔声 ... 50
3.7.3 消声 ... 51
3.8 白噪声与粉红噪声 ... 51
3.8.1 白噪声 ... 51
3.8.2 粉红噪声 ... 52
3.8.3 二者的区别 ... 53

3.9 振动基础 53
　　3.9.1 振动分类 53
　　3.9.2 减振措施 53
　　3.9.3 动力吸振器 54
3.10 幅频特性和相频特性 55
　　3.10.1 幅频特性 55
　　3.10.2 相频特性 56
3.11 机械阻抗与导纳 57
　　3.11.1 阻抗与导纳的定义 57
　　3.11.2 奈奎斯特图 57
3.12 系统的模态 58
　　3.12.1 基本介绍 58
　　3.12.2 实模态和复模态 59
　　3.12.3 其他 59
3.13 动刚度 60
3.14 阻尼 61
　　3.14.1 基本介绍 61
　　3.14.2 阻尼的测量 62
3.15 传递函数与频响函数 63
　　3.15.1 傅氏变换和拉氏变换 63
　　3.15.2 传递函数和频响函数介绍 64
3.16 汽车噪声简介 65
　　3.16.1 发动机噪声 65
　　3.16.2 底盘噪声 68
　　3.16.3 车身噪声 70
3.17 其他 72

第 4 章　常见的信号分析方法 73

4.1 信号简介 73
　　4.1.1 信号类型 73
　　4.1.2 信号的数字化 74
4.2 信号采样简介 75
　　4.2.1 采样频率 75
　　4.2.2 采样率 75
　　4.2.3 采样定理 75
　　4.2.4 信号混叠 76
4.3 傅里叶变换基础 77
　　4.3.1 时域和频域 77
　　4.3.2 傅里叶级数 77

4.3.3	傅里叶变换	78
4.3.4	短时傅里叶变换	79

4.4 小波变换 80
4.5 希尔伯特变换 81
4.6 自谱与互谱 81
4.7 相关与相干 81
 4.7.1 自相关与互相关 81
 4.7.2 相关分析与相干分析 82
4.8 窗函数 82
 4.8.1 基本介绍 82
 4.8.2 窗函数的时频域特征 83
 4.8.3 加窗原则 84
4.9 倒频谱分析 85
 4.9.1 基本介绍 85
 4.9.2 谐波的影响 85
 4.9.3 边频的影响 88
 4.9.4 倒谱的优势 90

第 5 章 变速器系统频谱 92

5.1 变速器振动噪声源概述 92
 5.1.1 轴承噪声 92
 5.1.2 齿轮噪声 97
5.2 变速器的频谱特征 99
5.3 轴转速的低谐波 100
 5.3.1 旋转质量不平衡 101
 5.3.2 轴的弯曲 101
5.4 啮合频率的谐波及边频 101
5.5 次谐波部分 104
 5.5.1 追逐齿频率 104
 5.5.2 轴承油膜失稳的影响 104
5.6 幽影频率 105
5.7 行星齿轮上的信号 105
5.8 频谱包络分析 109

第 6 章 变速器主要的振动噪声特征 112

6.1 概述 112
6.2 敲击与啸叫 112
 6.2.1 齿轮敲击 112
 6.2.2 啸叫 114

6.3 轴系的扭振 115
　　6.3.1 基本介绍 116
　　6.3.2 扭摆振动简介 116
6.4 转子涡动 118
　　6.4.1 转子涡动介绍 118
　　6.4.2 转子涡动频率计算 120
6.5 转子的临界转速 123
　　6.5.1 基本介绍 123
　　6.5.2 临界转速分析 123
6.6 振动噪声信号的调制 125
　　6.6.1 基本介绍 125
　　6.6.2 谐波 125
　　6.6.3 不同的调制类型介绍 126
　　6.6.4 调制信号的解调 132
6.7 阶次分析 133
　　6.7.1 转速测量 133
　　6.7.2 数字阶次追踪 134
　　6.7.3 频域分析法 136
　　6.7.4 齿轮的阶次分析 139
6.8 典型故障对应的信号特征 140
　　6.8.1 阶次谱故障特征 140
　　6.8.2 故障齿轮的时频域特征 141

第 7 章　振动与噪声优化　148

7.1 传递误差 148
　　7.1.1 传递误差的测量 148
　　7.1.2 传递误差的减小 150
　　7.1.3 传递误差的允许值 151
7.2 变速器结构 153
　　7.2.1 变速器壳体的影响 153
　　7.2.2 壳体结构优化 153
　　7.2.3 齿轮的几何设计 154
　　7.2.4 齿轮质量的影响 155
7.3 运行状态的影响 156
7.4 悬置优化 157
7.5 频率的改变 158
7.6 阻尼的影响 158
7.7 生产质量控制 159
7.8 经济性 160

7.9 仿真技术的应用 ………………………………………………………………… 161
　　7.9.1 模态分析 …………………………………………………………………… 161
　　7.9.2 动刚度分析 ………………………………………………………………… 162
　　7.9.3 动力学及声学分析 ………………………………………………………… 162

参考文献 ………………………………………………………………………………… 165

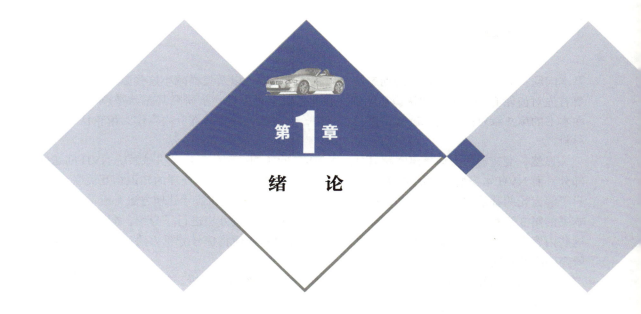

第1章 绪 论

1.1 概述

汽车工业经过100多年的发展,其产业链已经渗透到国民经济的各个领域,成为推动经济发展的支柱产业之一。随着汽车市场的不断扩大与成熟,人们对汽车的认识也日益加深,从当初只是单纯地追求出行便利性到现在追求汽车的可靠性、操纵稳定性、平顺性、安全性、动力性、经济性和舒适性。其中,舒适性已经成为衡量汽车品质越来越重要的因素之一。

汽车的NVH(Noise, Vibration and Harshness)性能作为汽车乘坐舒适性的重要评价指标,在很大程度上反映出生产厂家的设计水平和制造及工艺水平。在中低速运行时,汽车的主要噪声源为发动机及动力传动系统,但随着发动机新技术的发展以及当前新能源技术的不断应用,变速器噪声在整体噪声中所占的比例逐渐提高。因此,对变速器振动噪声的研究变得越来越重要。

变速器作为一个复杂的机械系统,主要由齿轮、同步器、轴、轴承及壳体等零部件组成。变速器中齿轮的振动会通过轴和轴承传递给壳体,进而辐射出噪声。因此,齿轮之间的啮合、壳体的振动以及其他旋转部件(比如轴承)的噪声是变速器振动噪声的主要来源。其中,齿轮的噪声最为常见,也是最主要的噪声源,比如齿轮敲击噪声、齿轮啸叫噪声等。变速器壳体作为旋转部件的支承,对其进行合理的设计可以有效地减少噪声的辐射。

对变速器振动噪声问题的分析,需要首先从理论上了解其振动噪声产生的机理,然后针对具体问题进行综合分析及排查,有的放矢,最终提出合理改进意见并减小甚至消除振动噪声。

1.2 本书的主要内容

汽车变速器主要包括乘用车变速器和商用车变速器,其相应的振动噪声问题可能不完全相同。本书聚焦于讨论变速器的振动噪声机理及现象,不管是乘用车还是商用车,都可以直接应用。

变速器的振动噪声问题多数和齿轮相关,齿轮啮合产生动态啮合力和传递误差,数值较大时就会变成引起变速器总成振动及噪声的主要原因。所以,齿轮振动噪声的研究需要涉及两个基本问题：为什么会产生较大的动态啮合力和传递误差，以及怎样减小这些激励？因此，就需要首先对齿轮有一个清晰的认识和了解，在此基础上再去进一步研究其振动噪声问题。所以，在本书的第2章对齿轮的基础知识进行了介绍，读者也可以将这部分内容作为齿轮认知的入门材料。

显然，变速器的振动噪声问题只是汽车NVH问题的一部分，更是机械系统NVH问题的一部分，而NVH本身所包含的内容是丰富多样的，并且通常和信号处理的知识相互关联。因此，只了解齿轮的基础知识是不够的，还需要对NVH的基础知识和信号处理方法有所掌握。所以，本书的第3章和第4章对NVH基础知识和常见的信号分析方法进行了介绍，同时读者可以将这些内容与后面变速器NVH的内容相结合，比如思考如何将信号分析方法应用到变速器振动噪声问题的处理中。

变速器振动噪声问题的解决通常需要两种手段——经验和分析。经验的掌握可以通过研究不同尺寸大小的变速器结构、不同的变速器壳体材料、不同转速时变速器的运行状态，并在实践中反复观察总结得到。在处理一些变速器振动噪声故障时，这些经验可能会起到积极有效的作用，但在一些情况下经验方法也可能会导致失败。因为不了解齿轮系统及变速器总成的结构或特性的变化如何影响其振动噪声，缺乏关联理论认知，且仅通过过去的经验推断新的状况，可能会忽略一些未知的因素。因此，更推荐通过分析的方法去解决问题。这就需要对变速器振动噪声的基础理论有深入的了解。所以，本书的第5章和第6章对变速器系统频谱和变速器主要的振动噪声特征进行了介绍，如常见的敲击、啸叫，以及不常见但实际中可能会产生变速器振动噪声问题的转子涡动等。

本书的主要目的是让读者掌握齿轮的基础知识，了解NVH和信号处理的基本内容，并在此基础上概况总结了变速器振动噪声的主要内容。但真正的目的是如何减小或消除变速器的振动噪声。因此，本书第7章对变速器振动与噪声优化的相关内容进行了介绍，包括减小传递误差、优化变速器结构等。此外，随着科技的不断发展，仿真技术在各个领域得到了越来越多的应用，因此，第7章的最后也对仿真技术在变速器振动噪声中的应用进行了介绍，读者可以通过这部分的阅读对变速器相关的仿真技术有一个大体的了解。

最后需要指出的是，本书所介绍的理论知识和振动噪声内容不可能完全覆盖实际的工程问题，而且实际中遇到的变速器振动噪声问题也基本会更加复杂。但掌握本书所提炼的这些知识可以帮助我们在面对问题时能够做到"手里有粮，心里不慌"，并通过将复杂的问题进行逻辑梳理，最终减小或消除这些振动噪声。

第 2 章 齿轮基础知识介绍

2.1 概述

齿轮传动是机械传动中最重要的传动方式之一，其形式多样、应用广泛，且传递的功率高（最多可达数十万千瓦）。齿轮传动的主要优点包括以下几个方面：

1）效率高。齿轮传动在常用的机械传动中效率最高。例如一级圆柱齿轮传动的效率可达99%，对于大功率传动十分重要。

2）结构紧凑。在同样的使用条件下，齿轮传动所需的空间尺寸一般较小。

3）传动灵活。齿轮传动可以传递空间任意轴间的运动及动力。

4）工作可靠、寿命长。对于设计制造合理、使用维护良好的齿轮传动，它不仅工作可靠，而且使用寿命可长达一二十年。这对车辆、船舶等尤为重要。

5）传动比稳定。稳定的传动比往往是对传动性能的基本要求，这也是齿轮传动应用广泛的一个原因。

齿轮传动的缺点是其制造成本较高，尤其是与连杆机构等传动形式相比。

对于大多数变速器来说，齿轮是其内部主要的旋转部件，也是振动噪声的主要来源。要研究变速器的振动噪声问题，就需要了解齿轮的基本知识。因此，本章重点对齿轮的基本知识进行阐述，包括齿轮的分类、齿轮基本参数、啮合条件、齿轮重合度、齿轮的变位、斜齿轮和行星齿轮介绍、轮系的分类及传动比计算等内容。

2.2 齿轮的分类

根据齿轮机构的布置形式，可将其分为两大类：平面齿轮机构和空间齿轮机构。如图 2-1 所示。

直齿轮的基本结构形式如图 2-2 所示。由图可见，直齿轮的基本结构形式包括外啮合齿轮、内啮合齿轮和齿轮齿条，可用于平行轴间的传动。其中，外啮合结构是最基本的结构形式，当把外啮合齿轮副中的一个齿轮展开为无穷大时，即演变为齿轮齿条结构，而当把齿条卷起来之后就变成了内啮合的结构形式。所以，外啮合结构的研究结果可推广到内啮合和齿轮齿条传动。

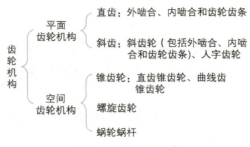

图 2-1　齿轮的分类

图 2-2　直齿轮基本结构形式

斜齿轮和人字齿轮的基本结构形式如图 2-3 所示。

斜齿轮的特点是齿的轴线平行，但齿的方向有倾斜，可以实现较大的重合度，但同时也会产生轴向力。如果要消除轴向力，可以使用人字齿轮传动，但其加工较为复杂。

一些空间齿轮的基本结构形式如图 2-4 所示。由图可见，空间齿轮的基本结构形式包括直齿锥齿轮、曲线齿锥齿轮、螺旋齿轮和蜗轮蜗杆等，可用于交错轴间的传动。

图 2-3　斜齿轮和人字齿轮的基本结构形式

图 2-4　空间齿轮的基本结构形式

对于变速器来说，最常见的是直齿轮和斜齿轮。

2.3　齿轮的基本参数

齿轮的基本参数主要包括齿数、模数、压力角、齿顶高系数和顶隙系数[1]。

1）齿数 z：是在齿轮整个圆周上轮齿的总数。

2）模数 m：通过对分度圆（见章末 Note1）的周长 C 进行计算，可知下式成立：

$$C = zp = \pi d, \quad 即 \quad p = \pi\frac{d}{z} \tag{2.1}$$

式中，z 为齿数；p 为齿轮端面齿距，是相邻两齿同侧齿廓间的分度圆弧长；d 为分度圆直径。为了设计、制造和测量方便，令 $m = p/\pi$，称为模数（单位为 mm）。因此，分度圆直径即可表达为 $d = mz$。

由于是相邻两轮齿同侧齿廓间的齿距与圆周率 π 的比值，所以齿数相同的齿轮，模数越大，则齿距越大，也即齿厚和齿槽宽也越大，因此齿轮的尺寸也就越大。齿数相同模数不同的齿轮尺寸对比如图 2-5 所示。

从图中还可以看出，模数越大，轮齿的抗弯能力越强。也就是说，要根据轮齿所需的抗弯强度选择齿轮的模数。

模数作为决定齿轮尺寸的一个基本参数，现在已经标准化，其标准化模数系列见表 2-1。在选用时，优先选择第一系列。

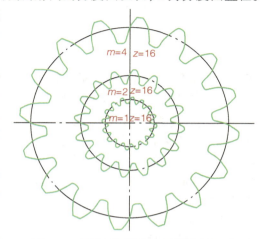

图 2-5　齿数相同模数不同的齿轮尺寸

表 2-1　标准化模数系列　　　　　　　　　　（单位：mm）

第一系列	0.1　0.12　0.15　0.2　0.25　0.3　0.4　0.5　0.6　0.8　1　1.25　1.5　2　2.5　3　4　5　6　8　10　12　16　20　25　32　40　50
第二系列	0.35　0.7　0.9　1.75　2.25　2.75　（3.25）　3.5　（3.75）　4.5　5.5　（6.5）　7　9　（11）　14　18　22　28　（30）　36　45

3）压力角 α：是决定齿轮齿廓形状的参数，定义为在齿轮分度圆与渐开线的交点 K 处，齿廓曲线的公法线与分度圆切线所夹的锐角，如图 2-6 所示。

在齿轮传动中，压力角也可表述为齿轮渐开线上任一点法向压力的方向线（即渐开线在该点的法线）和该点速度方向之间的夹角。

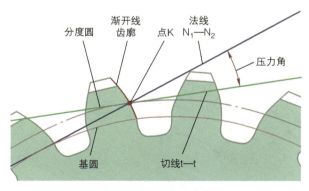

图 2-6　压力角示意图

小压力角的齿轮，承载能力较小；大压力角齿轮的承载能力较大，但负荷也相对较大。由渐开线特性可知,法线 N_1—N_2 与渐开线发生线重合,均与基圆相切。事实上,渐开线齿廓上不同点的压力角是不相等的,越接近基圆的点,压力角越小,基圆上的压力角等于0。通常所说的压力角指的是齿轮分度圆上的压力角,我国常用的齿轮标准压力角为20°,特殊场合也可使用其他值,可通过下式计算:

$$\alpha = \arccos \frac{r_b}{r} \tag{2.2}$$

式中,r_b 为基圆半径;r 为分度圆半径。

与压力角相关的概念是啮合角,二者并不完全相同(区别见章末 Note2)。

4)齿顶高系数 h_a^* 和顶隙系数 c^*:由于两齿轮啮合时,总是一个齿轮的齿顶进入另一个齿轮的齿根,因此,为了防止热膨胀顶死和具有储存润滑油的空间,通常会要求齿根高大于齿顶高。为此引入了齿顶高系数和顶隙系数。

顶隙是齿轮齿顶与另一个齿轮齿根之间的径向间隙,可避免传动时轮齿相互顶撞,且利于储存润滑油,如图 2-7 所示。

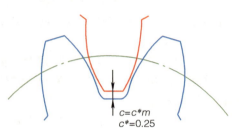

图 2-7 顶隙及其计算

一般对于模数大于 1mm 的齿轮,有 $h_a^* = 1$,$c^* = 0.25$;模数小于 1mm 的齿轮,有 $h_a^* = 1$,$c^* = 0.35$;短齿时,有 $h_a^* = 0.8$,$c^* = 0.3$。

根据齿顶高系数和顶隙系数,可得相关的计算如下:

$$齿顶高:h_a = m h_a^* \tag{2.3}$$

$$齿根高:h_f = h_a + c = m(h_a^* + c^*) \tag{2.4}$$

$$齿高:h = h_f + h_a = m(2h_a^* + c^*) \tag{2.5}$$

这样,根据上述五个基本参数就可以计算标准齿轮的几何尺寸,包括分度圆直径、齿顶圆直径、齿根圆直径、基圆直径(等于分度圆直径乘以压力角的余弦)等,齿轮的几何尺寸如图 2-8 所示。

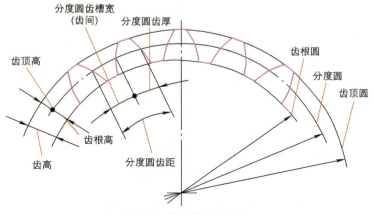

图 2-8 齿轮的几何尺寸

需要说明的是齿厚和齿槽宽。实际上，在任意圆上都存在齿厚和齿槽宽，但为了方便起见，通常说的是分度圆上的齿厚和齿槽宽。

2.4 渐开线齿轮

前面介绍的是基于布置形式对齿轮进行的分类，但根据齿廓形式的不同，齿轮也有不同的类型，如渐开线齿轮、摆线齿轮等。对于变速器来说，最常用的是渐开线齿轮。因此，本节主要对渐开线齿轮的相关内容进行介绍。

由于渐开线齿轮具有良好的啮合性能，且其加工刀具的几何形状相对简单，使得渐开线齿轮可以经济高效地制造，所以渐开线齿轮的应用非常广泛。

渐开线的形成如图 2-9 所示。其中，蓝色圆盘外径模拟基圆，直尺模拟发生线，铅笔固定在直尺端部，从基圆上一点 A 开始，直尺沿基圆纯滚动时铅笔所画出的曲线即为渐开线。

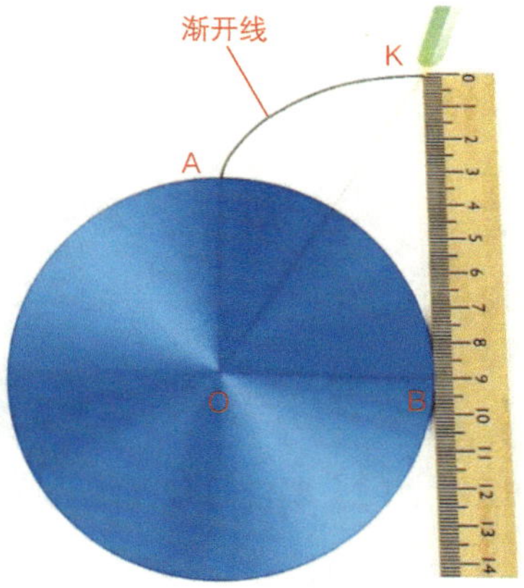

渐开线的特点包括以下 4 个方面：
1）发生线段 BK 的长度等于基圆弧长 AB。
2）渐开线 K 点法线必与基圆相切，切点 B 为其曲率中心，线段 BK 为其曲率半径。
3）渐开线的形状取决于基圆大小，直线为渐开线的一个特例，即齿条的齿廓曲线。
4）基圆内无渐开线。

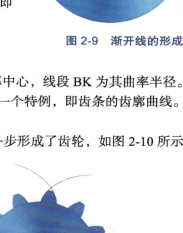

图 2-9　渐开线的形成

两条对称的渐开线即组成了轮齿的基本形状，并进一步形成了齿轮，如图 2-10 所示。

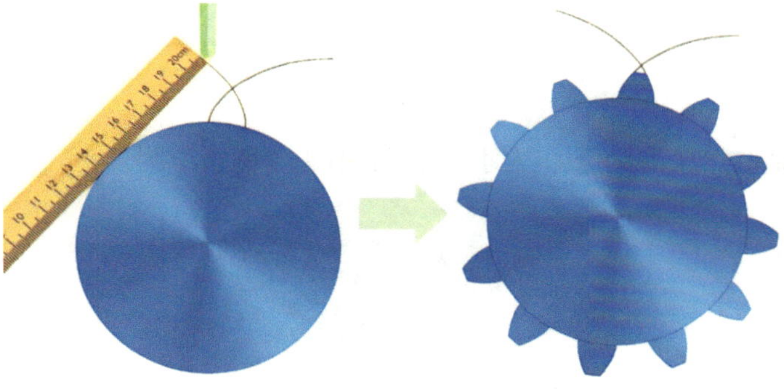

图 2-10　渐开线齿轮的形成

渐开线齿轮是齿廓为渐开线的齿轮，渐开线和基圆相关，而为了便于齿轮的设计制造和检验互换使用，假想了一个在齿根圆和齿顶圆之间的圆，作为计算的基圆，就是分度圆，如图 2-11 所示。

渐开线齿轮的优点很多，可以概括为以下 5 个方面：
1）即使中心距存在一些误差也可以正确地啮合。
2）比较容易得到正确的齿形，加工容易。
3）由于齿轮是滚动啮合，所以可以平顺地传递旋转运动。

4）只要轮齿的大小相同，一把刀具可以加工齿数不同的齿轮。

5）齿根粗壮，强度高。

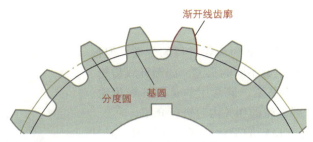

图 2-11　基圆与分度圆

2.5　齿轮的啮合条件

本节的主要内容包括齿廓啮合基本定律和渐开线直齿圆柱齿轮的啮合条件等。

2.5.1　齿廓啮合基本定律

一对齿轮啮合传动，齿廓在任意一点接触的传动比都等于两齿轮中心连线被接触点的公法线所分成的两线段的反比，这一规律称为齿廓啮合基本定律。

若所有齿廓接触点的公法线与齿轮中心连线都交于固定点时，则称为定传动比齿廓啮合基本定律，如图 2-12 所示。

其中，K 点为啮合点；N_1—N_2 为过 K 点的两齿面的公法线；C 点为公法线与两齿轮中心连线的交点，也就是两齿轮转动的速度瞬心。因此，瞬时传动比 i_{12} 如下：

$$i_{12} = \frac{\omega_1}{\omega_2} = \frac{\overline{O_2C}}{\overline{O_1C}} \tag{2.6}$$

可知，C 点就是节点，由此也即得到节圆 1 和节圆 2 两个节圆。

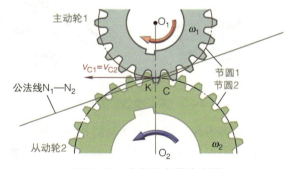

图 2-12　齿廓啮合基本定律

满足齿廓啮合基本定律的一对齿廓称为共轭齿廓。共轭就是按一定的规律相配合。因此，在给定工作要求的传动比的情况下，只要给出一条齿廓曲线，就可以根据齿廓啮合基本定律求出与其共轭的另一条齿廓曲线。理论上的共轭齿廓是无穷多的，但在生产实际中，通常选用的是渐开线齿廓。

2.5.2 渐开线直齿轮的啮合

渐开线直齿轮的啮合主要包括三部分的内容：正确的啮合条件、正确的安装条件和连续传动条件。

（1）正确的啮合条件 一对能正确啮合的渐开线圆柱齿轮如图 2-13 所示。

通过分析可知，一对齿轮副要想实现正确啮合，在啮合线上两齿轮的法向齿距必须是相等的，即 $p_{n1} = p_{n2}$。其中，啮合线是过啮合点的两个渐开线的公法线；法向齿距是啮合线上相邻两个轮齿同侧齿廓的距离。由渐开线的性质可知，法向齿距 p_n 始终等于基圆齿距 p_b。

为了进行对比说明，将另一对不能正确啮合的齿轮副显示如图 2-14 所示。

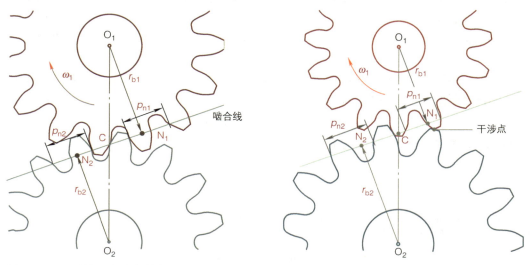

图 2-13 一对能正确啮合的渐开线圆柱齿轮   图 2-14 不能正确啮合的齿轮副

由图可见，两个齿轮的法向齿距是不相等的，即 $p_{n1} < p_{n2}$。相应地，基圆上的齿距也不相等。因此，正确啮合的条件可以总结为：两个齿轮的基圆齿距需相等。

基圆齿距的计算公式如下：

$$p_b = 2\pi \frac{r_b}{z} = 2\pi r \cos \frac{\alpha}{z}$$
$$= p\cos\alpha = \pi m \cos\alpha \tag{2.7}$$

式中，p_b 为基圆齿距；r_b 为基圆半径；z 为齿数；r 为分度圆半径；α 为压力角；p 为分度圆上的齿距；m 为模数。

对于啮合齿轮副可以得出：

$$\pi m_1 \cos\alpha_1 = \pi m_2 \cos\alpha_2 \tag{2.8}$$

进而可得出渐开线直齿圆柱齿轮的正确啮合条件为

$$m_1 \cos\alpha_1 = m_2 \cos\alpha_2 \tag{2.9}$$

对于标准直齿轮，两齿轮的 m 和 α 分别相等，都为标准值。

（2）渐开线圆柱齿轮正确的安装条件 对于标准齿轮，正确安装的要求有两个：顶隙为标准值（$c = c^* m$）和两齿轮的齿侧间隙为 0。后者意为一个齿轮转过一个齿厚距离时，另一个齿轮转过了一个齿槽宽距离，也即 $s_1' = e_2'$，$s_2' = e_1'$。

保证顶隙为标准值，可以避免两轮齿的齿根和齿顶相抵触，同时可以储存润滑油。基于这个要求，可以求得标准中心距，即等于一个齿轮的齿根圆半径加上顶隙，再加上另一齿轮的齿顶圆半径。经过推导得出，标准中心距 a 等于两齿轮分度圆半径之和，如下式所示。

$$\begin{aligned} a &= r_{f1} + c^*m + r_{a2} \\ &= (r_1 - h_a^*m - c^*m) + c^*m + (r_2 + h_a^*m) \\ &= r_1 + r_2 \end{aligned} \quad (2.10)$$

侧隙是在啮合轮齿之间沿节圆方向所测得的非工作齿侧的间隙，一般很小，由制造公差保证。基于两齿轮齿侧间隙为 0 的要求，可以得出齿轮的节圆和分度圆是重合的，对于标准齿轮，两齿轮的齿厚和齿槽宽都等于 $\pi m/2$。

但在实际中，两齿轮的中心距多是非标准中心距，也就是实际中心距。可以分为三种情况：

1）实际中心距 a' 与标准中心距 a 不相等，但两者相差不大。此时，两齿轮的分度圆不再相切。基圆半径的表达有两种，即以分度圆半径 r 的表达和节圆半径 r' 的表达，如下式所示：

$$r_b = r\cos\alpha \text{ 和 } r_b = r'\cos\alpha' \quad (2.11)$$

则两个齿轮的基圆半径相加后可得：

$$\begin{aligned} r_{b1} + r_{b2} &= (r_1 + r_2)\cos\alpha \\ &= (r_1' + r_2')\cos\alpha' \end{aligned} \quad (2.12)$$

式中，$(r_1 + r_2)$ 是标准中心距；$(r_1' + r_2')$ 对应的是实际中心距，从而得出实际中心距、标准中心距和啮合角及压力角的关系如下：

$$a\cos\alpha = a'\cos\alpha' \quad (2.13)$$

式中，a 为标准中心距；a' 为实际中心距。

2）实际中心距 a' 大于标准中心距 a，此时分度圆会相互分离，节圆半径 r' 大于分度圆半径 r，啮合角 α' 大于分度圆压力角 α。

3）实际中心距 a' 小于标准中心距 a，此时分度圆会相互分割，节圆半径 r' 小于分度圆半径 r，啮合角 α' 小于分度圆压力角 α。

（3）渐开线齿轮的连续传动条件 啮合过程如图 2-15 所示。

齿轮上的两个齿从 B_2 点进入啮合，此点也是从动轮的齿顶圆与啮合线的交点，称为起始啮合点。随着啮合的进行，啮合点沿啮合线往下移动，从轮齿上看，啮合点在主动轮上是由根部的某一点一直往齿顶移动，在从动轮上是由齿顶上的一点往齿根部移动。当到达 B_1 点时为最后的啮合点，称为终止啮合点，此点是主动轮齿顶圆与啮合线的交点。

B_1B_2 称为实际啮合线；N_1 是主动轮和基圆的切点，N_2 是从动轮和基圆的切点，N_1N_2 称为理论啮合线；点 N_1 和 N_2 称为啮合的极限点。参与啮合的齿廓称为齿廓的工作段。

下面分三种情况讨论连续传动的条件。

1）B_1B_2 等于法向齿距 p_n。根据齿轮回转中心得到 O_1 和 O_2，然后画出两个齿轮的基圆，其内公切线即为啮合线，切点就是 N_1 和 N_2 点，再由从动轮的齿顶圆与啮合线的交点即可确定起始啮合点 B_2，由主动轮齿顶圆与啮合线的交点即可确定终止啮合点 B_1，如图 2-16 所示。

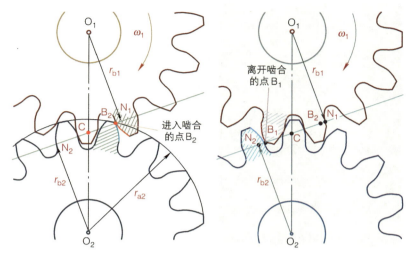

图 2-15 齿轮啮合过程

此时,在啮合过程中,当 B_1 点退出时,B_2 点会接着进入啮合,从而可以保证传动是连续的。

2)B_1B_2 小于法向齿距 p_n。B_1 和 B_2 点的确定同 1),但此时 B_1B_2 小于法向齿距 p_n,如图 2-17 所示。

在啮合过程中,在 B_1 点退出时,B_2 点还没有进入啮合,传动是中断的,会使得瞬时传动比发生变化。

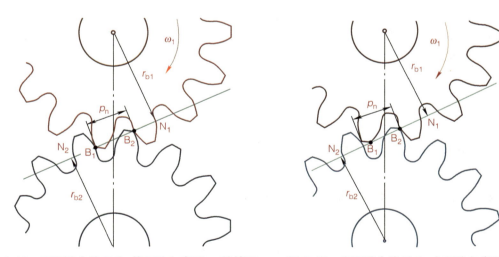

图 2-16 实际啮合线 B_1B_2 等于法向齿距 p_n 的情况   图 2-17 实际啮合线 B_1B_2 小于法向齿距 p_n

3)B_1B_2 大于法向齿距 p_n。B_1 和 B_2 点的确定同 1),但此时 B_1B_2 大于法向齿距 p_n,如图 2-18 所示。

在啮合过程中,在到达啮合点 B_1 时,B_2 点已经进入啮合,传动是连续且可靠的。

综上所述,两个啮合齿轮连续传动的条件是实际啮合线的长度应大于或等于齿轮的法向齿距(基圆上的齿距)。

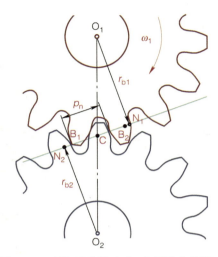

图 2-18　实际啮合线 B_1B_2 大于法向齿距 p_n

2.6 齿轮的重合度

与啮合传动相关的另一个重要内容是重合度，本节主要对直齿圆柱齿轮的重合度进行阐述，包括重合度的定义和计算等内容。

2.6.1 重合度的定义

在齿轮的啮合条件中已经知道，齿轮副连续传动的条件是实际啮合线 B_1B_2 应大于或等于齿轮的法向齿距 p_n（即基圆齿距 p_b）。为了定量地描述实际啮合线与法向齿距的长度关系，引入了重合度的概念。

重合度 ε_α 定义为实际啮合线 B_1B_2 与法向齿距 $p_n(p_b)$ 的比，即

$$\varepsilon_\alpha = \frac{\overline{B_1B_2}}{p_b} \tag{2.14}$$

因此，用重合度来衡量的齿轮啮合连续传动的条件为

$$\varepsilon_\alpha \geqslant 1 \tag{2.15}$$

但在实际生产中，等于 1 时通常是不可靠的。因此，一般要求重合度大于许用值：$\varepsilon_\alpha \geqslant [\varepsilon_\alpha]$。常见的 $[\varepsilon_\alpha]$ 推荐值见表 2-2。

表 2-2　常见的 $[\varepsilon_\alpha]$ 推荐值

使用场景	一般机械制造业	汽车拖拉机	金属切削机床
$[\varepsilon_\alpha]$	1.4	1.1～1.2	1.3

2.6.2 重合度的计算

在齿轮的啮合条件中已经介绍过保证连续传动的条件，即需要作图量取 B_1B_2 长度，然后再与法向齿距 $p_n(p_b)$ 进行比较。方法可取，但过程复杂。

在引入重合度之后，可以直接求解重合度的值。以外啮合标准直齿圆柱齿轮为例，如图 2-19 所示。

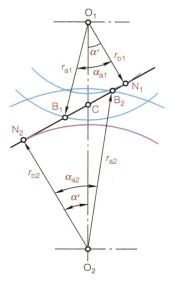

图 2-19　外啮合齿轮副

重合度计算的关键也是求得 B_1B_2 长度。如图 2-19 所示，B_1B_2 的长度可以分成两部分：

$$\overline{B_1B_2} = \overline{CB_1} + \overline{CB_2} \tag{2.16}$$

其中，$\overline{CB_1} = \overline{N_1B_1} - \overline{N_1C}$。在直角三角形 △$O_1B_1N_1$ 中，角度 α_{a1} 为主动轮的齿顶圆压力角，r_{a1} 为主动轮的齿顶圆半径，r_{b1} 为主动轮的基圆半径。因此，可以求得 $\overline{N_1B_1}$ 如下：

$$\overline{N_1B_1} = r_{b1}\tan\alpha_{a1} \tag{2.17}$$

同样，在直角三角形 △O_1CN_1 中，角度 α' 为啮合角，对于标准直齿圆柱齿轮，其值等于分度圆压力角。因此，可以求得 $\overline{N_1C}$ 如下：

$$\overline{N_1C} = r_{b1}\tan\alpha' \tag{2.18}$$

同时，根据基圆半径等于分度圆半径乘以压力角的余弦，可以将 r_{b1} 转化为齿数、模数和压力角的表达式。因此，$\overline{CB_1}$ 变成下式所示：

$$\begin{aligned}\overline{CB_1} &= r_{b1}\tan\alpha_{a1} - r_{b1}\tan\alpha' \\ &= m\frac{z_1}{2}\cos\alpha(\tan\alpha_{a1} - \tan\alpha')\end{aligned} \tag{2.19}$$

同理可以求得 $\overline{CB_2}$ 如下：

$$\overline{CB_2} = m\frac{z_2}{2}\cos\alpha(\tan\alpha_{a2} - \tan\alpha') \tag{2.20}$$

然后，将 $\overline{CB_1}$ 和 $\overline{CB_2}$ 代入重合度的计算公式，可得其表达式如下：

$$\varepsilon_\alpha = \frac{\overline{B_1B_2}}{p_b}$$
$$= \frac{\overline{CB_1} + \overline{CB_2}}{\pi m \cos\alpha}$$
$$= \frac{\Delta_1 + \Delta_2}{2\pi} \quad (2.21)$$

式中，Δ_1 和 Δ_2 的表达式分别如下：

$$\Delta_1 = z_1(\tan\alpha_{a1} - \tan\alpha') \quad (2.22)$$

$$\Delta_2 = z_2(\tan\alpha_{a2} - \tan\alpha') \quad (2.23)$$

由重合度 ε_α 的表达式，可以得出以下结论：

1）重合度 ε_α 与齿数、齿顶圆压力角、啮合角有关，与模数无关。

2）随着实际中心距 a' 的增大，当它大于标准中心距 a 时，啮合角 α' 会增大（可由公式 $a\cos\alpha = a'\cos\alpha'$ 得到）。再由重合度公式可知，ε_α 会减小，对传动不利。

3）齿数增加时，ε_α 增大。当齿数增加至无穷大时，两个齿轮也就变成了两个齿条，ε_α 趋于理论极限值：

$$\varepsilon_{\alpha\max} = \frac{4h_a^*}{\pi\sin 2\alpha} \quad (2.24)$$

对于标准齿轮，$h_a^* = 1$，$\alpha = 20°$，可以得到外啮合时，直齿圆柱齿轮重合度的最大值为 $\varepsilon_{\alpha\max} = 1.98$。

对于内啮合标准直齿圆柱齿轮，根据内啮合的特点，可以推导得到其重合度的表达式如下：

$$\varepsilon_\alpha = \frac{\Delta_1 - \Delta_2}{2\pi} \quad (2.25)$$

其中，Δ_1 和 Δ_2 的表达式分别如下：

$$\Delta_1 = z_1(\tan\alpha_{a1} - \tan\alpha') \quad (2.26)$$

$$\Delta_2 = z_2(\tan\alpha_{a2} - \tan\alpha') \quad (2.27)$$

需要注意的是，内啮合中，内齿轮的 $\alpha_{a2} < \alpha'$，即内齿轮的齿顶圆压力角小于啮合角。

对于齿轮齿条传动，重合度的表达式如下：

$$\varepsilon_\alpha = \frac{z_1(\tan\alpha_{a1} - \tan\alpha')}{2\pi} + \frac{2h_a^*}{\pi\sin 2\alpha} \quad (2.28)$$

2.6.3 重合度的意义

在介绍重合度的意义之前，先对单、双齿啮合区的概念进行阐述。图 2-20 所示为一对齿轮啮合简图，B_2 为起始啮合点，B_1 为终止啮合点，B_1B_2 可由重合度表达为 $\varepsilon_\alpha p_b$。

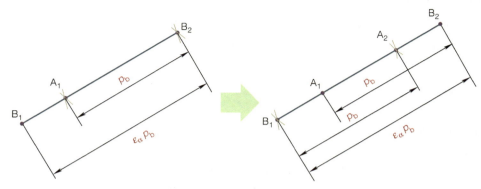

图 2-20 一对齿轮啮合简图

双齿啮合区的长度可由下式计算：

$$\varepsilon_\alpha p_b - p_b = (\varepsilon_\alpha - 1)p_b \tag{2.29}$$

单齿啮合区的长度可由下式计算：

$$p_b - (\varepsilon_\alpha - 1)p_b = (2 - \varepsilon_\alpha)p_b \tag{2.30}$$

当一对齿从 B_2 点进入啮合时，由法向齿距 p_b 可以确定此时前一对齿的啮合位置 A_1；随着啮合的进行，前一对齿从 A_1 到达 B_1，后一对齿从 B_2 到达 A_2。这一过程中，实际上是有两对齿同时在啮合。而当后一对齿由 A_2 到 A_1 时，此时前一对齿已从 B_1 退出啮合。所以 A_1A_2 段只有一对轮齿在啮合。由此定义了单齿啮合区和双齿啮合区，如图 2-21 所示。

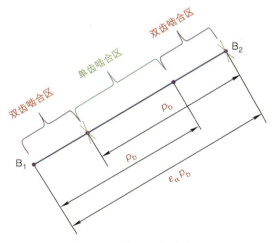

图 2-21 单、双齿啮合区

因此，重合度的意义是表示了同时参与啮合的轮齿对数的平均值。重合度越大，表明齿轮传动的连续性和平稳性越好。可以这样近似地理解：如 $\varepsilon_\alpha = 1.1$ 时，则表示在整个啮合过程中，有 90% 的时间是一对齿在参与啮合，有 10% 的时间是两对齿参与啮合。

2.7 齿轮的变位

用插刀进行齿轮加工时，若改变了刀具与被加工齿轮的相对位置，则称这种加工齿轮的方法为变位修正法，加工出来的齿轮称为变位齿轮。本节主要对齿轮变位的相关内容进行简单介绍。

2.7.1 基本介绍

标准齿轮传动具有设计简单、互换性好等一系列优点。但也存在一些不足之处，主要有以下三点：

1）无法满足齿数小于不根切最小齿数的应用要求。

2）不适用于实际中心距和标准中心距不相等的场合，即 $a' \neq a = m(z_1 + z_2)/2$。这又分两种情况：① $a' < a$，此时无法安装；② $a' > a$，此时会产生较大的侧隙，影响传动平稳性，也降低了重合度。

3）不能满足对齿轮近似等寿命的要求。一般情况下，齿轮传动过程中，由于啮合时小齿轮的实际接触长度大、更靠近啮合线且参与啮合的次数较多，因此其寿命与大齿轮相比要短。

此外，当切制的齿轮齿数 z 小于 $z_{\min}$、但又要求不能发生根切时，可以采用以下措施：①减小刀具的 h_a^*：由等式 $z \geq z_{\min} = 2h_a^*/\sin^2\alpha$ 可知，减小 h_a^* 可以减小最小齿数 $z_{\min}$，从而避免根切，但同时也会降低重合度；②增大刀具的 α：原理同上，也是为了减小 $z_{\min}$。但压力角增大会使有效分力减小，功率损失增加，且加工时需用非标刀具；③变位法：最好的方法，也是应用最广的方法。

因此，实际生产中，通常会对齿轮进行变位修正。

2.7.2 齿轮的变位修正法

标准齿轮的切制如图 2-22 所示。由于刀具齿顶线超过了啮合极限点 N，使得被加工齿轮产生了根切。

为了避免根切需采用变位修正法，在加工齿轮时将齿条刀具由标准位置相对于轮坯中心向外移动 xm 的距离，如图 2-23 所示。

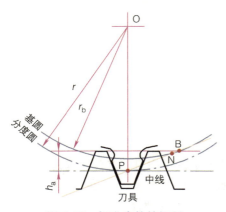

图 2-22　标准齿轮的切制

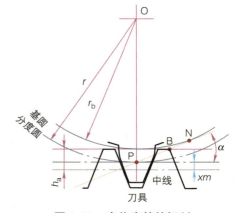

图 2-23　变位齿轮的切制

此时刀具齿顶线未超过啮合极限点 N，从而避免了根切。用变位修正法切出的齿轮即为变位齿轮，移动的距离 xm 称为变位量，x 称为变位系数。

对于变位系数，需要说明两种情况：① $x > 0$，指刀具由标准位置（中线与分度圆相切）向远离轮坯的方向移动。这种变位称为正变位，所加工出来的齿轮称为正变位齿轮；② $x < 0$，指刀具由标准位置向靠近轮坯的方向移动。这种变位称为负变位，所加工出来的齿轮称为负变位齿轮。

由于和刀具中线平行的各线上的齿距 p 都是相等的，由 $p = \pi m$ 可知，切制过程中齿轮的模数 m 不变；又由被加工齿轮的齿数 z 的表达式为

$$z = \frac{2}{m}\frac{v}{\omega} \tag{2.31}$$

可知，齿数与刀具的移动速度 v 和轮坯的转动角速度 ω 有关，这两个参数不变时，齿数也不变；此外，由于变位前后齿轮的渐开线形状也是不变的，所以基圆和分度圆也不变。因此，变位加工后的齿轮，其齿数、模数、压力角、齿顶高系数和顶隙系数都不变，但其分度圆上的齿厚和齿槽宽不再相等（$s \neq e$）。变位齿轮与标准齿轮相比各参数的变化情况如图 2-24 所示。

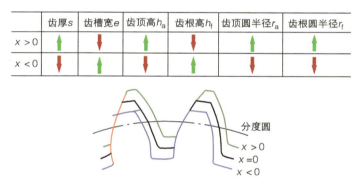

图 2-24 变位前后的参数变化情况

需要注意的是，此时变位齿轮的齿顶高不能只考虑 $h_a^* m$，还需要考虑变位量的影响。此外，由图 2-24 还可看出，正变位后的齿轮齿顶变尖、齿根变厚了，可以有效地提高齿轮的弯曲强度。

2.7.3 不根切的最小变位系数

用标准齿条插刀加工齿轮时，为避免发生根切，应保证齿条刀具的齿顶线不超过极限啮合点 N。极限情况即 N 与 B 重合，如图 2-25 所示。

若要避免根切，则 xm 的最小值为齿顶高 h_a 与线段 NM 之差。根据三角几何关系，可得关系式如下：

$$xm \geq h_a^* m - r_b \sin^2\alpha \tag{2.32}$$

又 $r_b = mz/2$，因此，可得不根切时的最小变位系数为

$$x_{\min} = \frac{h_a^*(z_{\min} - z)}{z_{\min}} \tag{2.33}$$

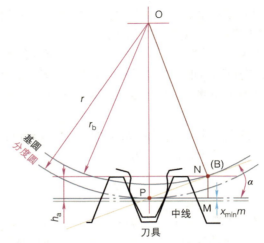

图 2-25 最小变位系数计算

2.7.4 变位齿轮的几何尺寸

变位齿轮的几何尺寸如图 2-26 所示。

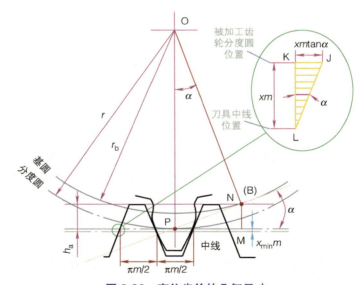

图 2-26 变位齿轮的几何尺寸

对于正变位齿轮，分度圆上的各尺寸计算如下：

$$齿厚：s = \frac{\pi m}{2} + 2\overline{KJ} = \left(\frac{\pi}{2} + 2x\tan\alpha\right)m \qquad (2.34)$$

$$齿槽宽：e = \left(\frac{\pi}{2} - 2x\tan\alpha\right)m \qquad (2.35)$$

第 2 章 齿轮基础知识介绍

$$齿顶高：h_\mathrm{a} = (h_\mathrm{a}^* + x)m \tag{2.36}$$

$$齿根高：h_\mathrm{f} = (h_\mathrm{a}^* + c^* - x)m \tag{2.37}$$

对于负变位齿轮公式同上，但此时 x 取负值即可。

2.8 变位齿轮的啮合传动

变位齿轮的啮合传动也需要满足一定的条件，但它与标准齿轮的啮合传动又有一些不同之处。本节主要对变位齿轮啮合传动的相关内容进行介绍。

2.8.1 变位齿轮的传动

变位齿轮的传动需要满足以下三个方面的要求：

1）变位齿轮传动的正确啮合条件与标准齿轮传动相同，即两个齿轮的压力角和模数分别相等：

$$\alpha_1 = \alpha_2 = \alpha, \ m_1 = m_2 = m \tag{2.38}$$

2）变位齿轮的连续传动条件也与标准齿轮传动相同，即重合度不小于 1：

$$\varepsilon_\alpha \geq 1，或 \varepsilon_\alpha \geq [\varepsilon_\alpha]（许用重合度） \tag{2.39}$$

3）变位齿轮传动的中心距也应满足两个要求：侧隙 $c' = 0$ 和顶隙 c^*m 为标准值。

① 保证侧隙为 0，则要满足无侧隙啮合方程，即一对齿轮做无侧隙啮合传动时，一个轮齿在节圆上的齿厚应等于另一个啮合轮齿在节圆上的齿槽宽（$s_1' = e_2', s_2' = e_1'$），则节圆齿距 p' 为

$$p' = s_1' + e_1' = s_1' + s_2' \tag{2.40}$$

上式是无侧隙啮合方程的本质，即节圆齿距等于两齿轮的节圆齿厚之和。最终得到无侧隙啮合方程如下（推导过程见章末 Note3）：

$$x_1 + x_2 = (z_1 + z_2)\frac{\mathrm{inv}\alpha' - \mathrm{inv}\alpha}{2\tan\alpha} \tag{2.41}$$

式中，x_1 和 x_2 为两齿轮的变位系数；z_1 和 z_2 为两齿轮的齿数；α' 为啮合角，α 为分度圆上的压力角；inv 是渐开线函数，表达式如下：

$$\mathrm{inv}\alpha = \tan\alpha - \alpha \tag{2.42}$$

式中第一个 α 单位为角度，第二个 α 单位为弧度。

由无侧隙啮合方程可知，当 $x_1 + x_2 \neq 0$ 时，则啮合角 α' 不等于压力角 α，实际中心距 a' 也不等于标准中心距 a。此时，两齿轮做无侧隙啮合的中心距 a' 为

$$a' = a + ym \tag{2.43}$$

其中，y 为中心距变动系数，表达式如下：

$$y = (z_1 + z_2)\frac{\frac{\cos\alpha}{\cos\alpha'} - 1}{2} \tag{2.44}$$

② 保证顶隙为标准值，即 $c = c^*m$。此时两轮的中心距 a'' 为一个齿轮的齿顶圆半径加另一

个齿轮的齿根圆半径、再加上顶隙：

$$\begin{aligned} a'' &= r_{a1} + c + r_{f2} \\ &= r_1 + (h_a^* + x_1)m + c^*m + r_2 - (h_a^* + c^* - x_2)m \\ &= a + (x_1 + x_2)m \end{aligned} \tag{2.45}$$

其中，r_1 和 r_2 分别为两个齿轮的分度圆。

若 $y = x_1 + x_2$，则侧隙为 0 和顶隙为标准值两个条件可同时满足。但很多情况下总有 $x_1 + x_2 > y$，且 $x_1 + x_2 \neq 0$，即 $a'' > a'$。因此，实际中通常是这样确定中心距：两齿轮先按无侧隙中心距 $a' = a + ym$ 安装，然后将两齿轮的齿顶高都进行削顶，各减短 Δym，以满足标准顶隙的要求。这里的 Δy 是齿顶高降低系数，大小为 $(x_1 + x_2) - y$，则此时齿顶高 h_a 为

$$h_a = (h_a^* + x - \Delta y)m \tag{2.46}$$

2.8.2 变位齿轮传动的类型

按照两齿轮的变位系数之和 $(x_1 + x_2)$ 的不同，可将变位齿轮传动分为三种基本类型：

1）标准齿轮传动（$x_1 + x_2 = 0$，且 $x_1 = x_2 = 0$）。

2）等变位齿轮传动或高度变位齿轮传动（$x_1 + x_2 = 0$，且 $x_1 = x_2 \neq 0$）。其特点是实际中心距 a' 等于标准中心距 a、啮合角 α' 等于压力角 α、中心距变动系数 y 和齿顶高降低系数 Δy 均为 0（不用削顶），且出于大小齿轮等寿命的考虑，一般将小齿轮进行正变位、大齿轮进行负变位。

此外，这种变位可以允许小齿轮的最小齿数更少，使得传动系统更紧凑。

3）不等变位齿轮传动或角度变位齿轮传动（$x_1 + x_2 \neq 0$），又分成两种情况：

① 正传动（$x_1 + x_2 > 0$），其特点是 $a' > a$，$\alpha' > \alpha$，$y > 0$，$\Delta y > 0$，也就是两轮的齿顶是拉开的。这样可以减小传动尺寸，两个齿轮都为正变位或小齿轮正变位、大齿轮负变位，可提高传动承载能力，但会使重合度减小。

② 负传动（$x_1 + x_2 < 0$），其特点是 $a' < a$，$\alpha' < \alpha$，$y < 0$，$\Delta y > 0$，虽然重合度略有增加，但强度会降低，只适用于配凑中心距的特殊场合，如汽车变速器中的齿轮副。

2.9 斜齿轮基本参数介绍

斜齿轮的啮合线是斜线，其啮合平稳性较好。本节主要对斜齿轮的基本参数等内容进行简单介绍。

2.9.1 基本介绍

这里介绍的斜齿轮是指轮齿与轴线之间有一定角度的齿轮，但其传递的仍是两个平行轴之间的运动和动力。

对于渐开线直齿圆柱齿轮，其齿廓曲面的形成如图 2-27 所示。

当考虑齿轮宽度时，齿轮齿面实际是发生面沿基圆柱旋转形成，轮齿的渐开线齿廓实际是一个渐开面，也就是线段 KK 所展开的曲面。啮合传动的时候，啮合线是整个轮齿的宽度，也就是在整个齿宽方向上同时啮入和啮出。

对于斜齿圆柱齿轮，其齿廓曲面的形成如图 2-28 所示。

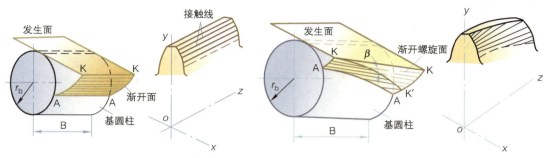

图 2-27　直齿轮齿廓曲面的形成　　　　图 2-28　斜齿轮齿廓曲面的形成

同样在基圆柱上有一个发生面，发生面上有一条斜直线$\overline{KK}$。当发生面在基圆柱上纯滚动时，线段$\overline{KK}$所展出的空间曲面即为斜齿轮的齿廓曲面。从端面上看，前后两端的线段$\overline{AK}$都是渐开线，同样在垂直于基圆柱轴线的其他面和齿廓曲面的交线也都是一条渐开线，所以斜齿轮的渐开线是一系列渐开线的集合。

此外，由于基圆柱面上的线段$\overline{AA}$是一条螺旋线，对应斜齿轮的齿廓曲面即称为渐开螺旋面。由于斜齿圆柱齿轮的轮齿是倾斜的，因此啮合传动时，斜齿轮的啮合线是先由短变长、再由长变短的变化，载荷先逐渐加载、再逐渐卸载，使得啮合更加平稳，冲击、振动和噪声小，适用于高速、重载传动。

2.9.2　斜齿轮基本参数

斜齿轮的基本参数也包括齿数、模数、压力角、齿顶高系数和顶隙系数，除此之外还有螺旋角。由于齿数的定义与直齿轮没有区别，因此，这里重点对斜齿轮的其他几个参数进行简单介绍。

加工斜齿轮时，刀具放置在与齿轮螺旋线垂直的法面上，然后沿螺旋线方向进行切削加工，如图 2-29 所示。

对于刀具来说，其具有标准的模数、压力角、齿顶高系数和顶隙系数；又因为刀具放在了法面上，因此，对应斜齿轮的法面参数是标准值，其模数、压力角、齿顶高系数和顶隙系数分别用 m_n、α_n、h_{an}^* 和 c_n^* 表示。

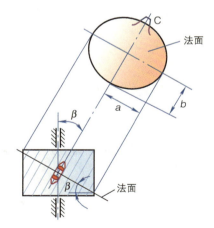

图 2-29　斜齿轮加工简图

由于法面的截面是椭圆，其几何尺寸的计算较圆截面时要困难；此外，又由于齿轮端面齿廓是渐开线，对应几何形状为圆。因此，需要得到端面参数和法面参数的关系，进而得到斜齿轮的各主要参数。首先需要引入的是螺旋角。

1. 螺旋角

这里的螺旋角一般指斜齿轮分度圆柱的螺旋角，即齿廓曲面与其分度圆柱面相交的螺旋线的切线、与齿轮轴线之间所夹的锐角称为螺旋角，一般取 8°~20°，分为左旋和右旋，如图 2-30 所示。

下面进行分度圆柱面上的螺旋角 β 和基圆柱面上的螺旋角 β_b 关系的推导，所用几何展开图如图 2-31 所示。

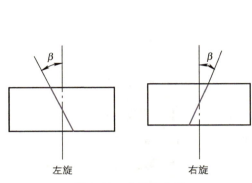

图 2-30　左旋和右旋

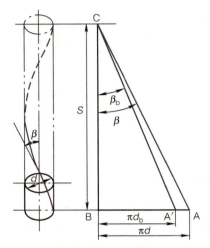

图 2-31　螺旋角关系推导几何展开图

其中，分度圆柱的直径为 d，基圆柱的直径为 d_b。假定螺旋线可以延长，使螺旋线的终点与起点重合，并将圆柱面展开。S 称为导程，可知，基圆柱面和分度圆上的螺旋线导程相等，从而可以得出下面的关系式：

$$\tan\beta = \frac{\pi d}{S}, \quad \tan\beta_b = \frac{\pi d_b}{S} \tag{2.47}$$

可得两个螺旋角的关系如下：

$$\frac{\tan\beta}{\tan\beta_b} = \frac{d_b}{d} = \cos\alpha_t \tag{2.48}$$

式中，α_t 为端面压力角。

2. 法面模数 m_n 与端面模数 m_t

将斜齿轮分度圆柱面展开，如图 2-32 所示。由几何关系可知，法面齿距 p_n 与端面齿距 p_t 的关系为

$$p_n = p_t\cos\beta, \quad 即\ \pi m_n = \pi m_t\cos\beta \tag{2.49}$$

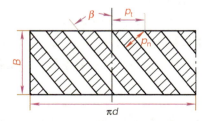

图 2-32　斜齿轮分度圆柱面展开图

从而得到法面模数 m_n 与端面模数 m_t 的关系为

$$m_n = m_t \cos\beta \tag{2.50}$$

3. 法面压力角 α_n 与端面压力角 α_t

取斜齿轮一个轮齿进行研究，如图 2-33 所示。

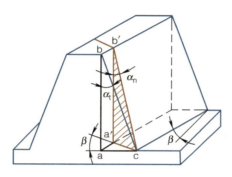

图 2-33 斜齿轮的一个齿

图中，过 $\overline{ab}$ 线的矩形面垂直于 $\overline{ac}$ 的平面，红色网格三角形 a'b'c 垂直于过 $\overline{ab}$ 的矩形面。由图可得：

$$\tan\alpha_t = \frac{\overline{ac}}{\overline{ab}},\ \tan\alpha_n = \frac{\overline{a'c}}{\overline{a'b'}} \tag{2.51}$$

又 $\overline{ab} = \overline{a'b'}$ 和 $\overline{a'c} = \overline{ac} \cdot \cos\beta$，并让两者相除，可得

$$\frac{\tan\alpha_n}{\tan\alpha_t} = \frac{\overline{a'c}}{\overline{ac}} = \cos\beta \tag{2.52}$$

4. 法面 h_{an}^*、c_n^* 和端面 h_{at}^*、c_t^*

由于从端面计算齿顶高及顶隙和从法面计算的结果是相同的，因此下式成立：

$$h_a = h_{an}^* m_n = h_{at}^* m_t \tag{2.53}$$

$$c = c_n^* m_n = c_t^* m_t \tag{2.54}$$

可得

$$h_{at}^* = h_{an}^* \cos\beta,\ c_t^* = c_n^* \cos\beta \tag{2.55}$$

综上，可得斜齿轮的几何尺寸计算如下：

$$\text{分度圆直径 } d = zm_t = \frac{zm_n}{\cos\beta} \tag{2.56}$$

$$\text{基圆直径 } d_b = zm_t\cos\alpha_t = zm_n\frac{\cos\alpha_t}{\cos\beta} \tag{2.57}$$

齿顶高 $h_a = h_{at}^* m_t = h_{an}^* m_n$ （2.58）

齿根高 $h_f = (h_{at}^* + c_t^*) m_t = (h_{an}^* + c_n^*) m_n$ （2.59）

齿顶圆直径 $d_a = d + 2h_a$ （2.60）

齿根圆直径 $d_f = d - 2h_f$ （2.61）

端面齿厚 $s_t = \dfrac{\pi m_t}{2}$ （2.62）

法面齿厚 $s_n = \dfrac{\pi m_n}{2}$ （2.63）

2.10 斜齿轮的啮合传动

和直齿圆柱齿轮一样，斜齿轮的啮合传动也需要满足一定的条件。本节主要对斜齿轮的啮合传动及当量齿轮等内容进行介绍。

2.10.1 啮合传动介绍

本节主要包括三部分的内容：正确啮合的条件、中心距的确定和斜齿轮传动的重合度。

1. 正确啮合的条件

由于斜齿轮的啮合是通过其法面进行的，且两齿轮的轴线相互平行。因此，其正确的啮合条件包括以下两个方面：

1）两齿轮的模数及压力角应分别相等，即

$$m_{n1} = m_{n2}, \quad \alpha_{n1} = \alpha_{n2} \quad （2.64）$$

2）两齿轮螺旋角应大小相等，外啮合方向相反，内啮合方向相同，即

$$\beta_1 = -\beta_2 （外啮合），\quad \beta_1 = \beta_2 （内啮合） \quad （2.65）$$

2. 中心距的确定

斜齿轮啮合时，在分度圆柱面上是相切的。因此，斜齿轮传动的标准中心距 a 可表达如下：

$$a = \frac{d_1 + d_2}{2} = m_t \frac{z_1 + z_2}{2} = m_n \frac{z_1 + z_2}{2\cos\beta} \quad （2.66）$$

式中，d_1 和 d_2 为两个斜齿轮的分度圆直径；z_1 和 z_2 为两齿轮的齿数；m_t 和 m_n 分别为斜齿轮的端面模数和法面模数。

由上式可知，可以通过改变螺旋角的大小来调节中心距的大小，然后对调整结果进行圆整，以便加工。

3. 斜齿轮传动的重合度

在前面已经介绍过直齿圆柱齿轮的重合度，定义为实际啮合线$\overline{B_2B_1}$与法向齿距$\overline{N_1N_2}$的比值，如图 2-34 所示。

可见，直齿的接触和退出啮合是沿整个齿线的全部接触和退出，其啮合区如图 2-34 所示。重合度 ε_α 为

$$\varepsilon_\alpha = \frac{L}{p_b} = \frac{\Delta_1 + \Delta_2}{2\pi} \tag{2.67}$$

其中，Δ_1 和 Δ_2 的表达式分别如下：

$$\Delta_1 = z_1(\tan\alpha_{a1} - \tan\alpha') \tag{2.68}$$

$$\Delta_2 = z_2(\tan\alpha_{a2} - \tan\alpha') \tag{2.69}$$

式中，α' 为啮合角，对于标准直齿圆柱齿轮，其值等于分度圆压力角；α_{a1} 和 α_{a2} 分别为两齿轮的齿顶圆压力角。

对于斜齿轮而言，由于轮齿的倾斜，使得齿轮接触时不是整个齿线的全部接触，如图 2-35 所示。

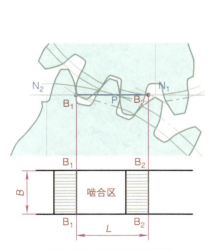

图 2-34　直齿轮重合度

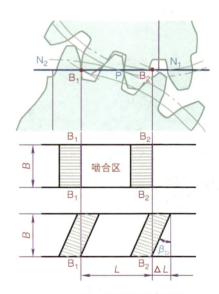

图 2-35　斜齿轮重合度

图中 β_b 为基圆柱螺旋角。可知，其啮合区长度除了 L 外，还多出了一段 ΔL。因此，斜齿轮啮合的重合度计算如下：

$$\varepsilon = \frac{L + \Delta L}{p_{bt}} = \varepsilon_\alpha + \varepsilon_\beta \tag{2.70}$$

式中，p_{bt} 为端面的基圆齿距。可见，斜齿轮的重合度由两部分组成，其中第一部分 ε_α 为端面重合度，与直齿轮重合度相同；第二部分 ε_β 为轴面重合度，由轮齿的倾斜引起，其计算如下：

$$\varepsilon_\beta = \frac{\Delta L}{p_{bt}} = \frac{B\tan\beta_b}{p_{bt}}$$
$$= \frac{B\tan\beta\cos\alpha_t}{p_t\cos\alpha_t}$$
$$= \frac{B\tan\beta}{\dfrac{p_n}{\cos\beta}} \qquad (2.71)$$
$$= \frac{B\sin\beta}{\pi m_n}$$

由此可知，轴面重合度 ε_β 随齿轮的宽度 B 和螺旋角 β 的增大而增大，所以斜齿轮传动可以获得很大的重合度。

2.10.2 当量齿轮和当量齿数

在加工斜齿轮选择刀具时（法面齿形和刀具齿形相同）、轮齿弯曲强度计算、查齿形系数以及选取变位系数时，都要用到当量齿轮和当量齿数。

过斜齿轮分度圆柱面上一点 C 作轮齿的法面，将斜齿轮的分度圆柱剖开，得到的剖面为一椭圆，如图 2-36 和图 2-37 所示。

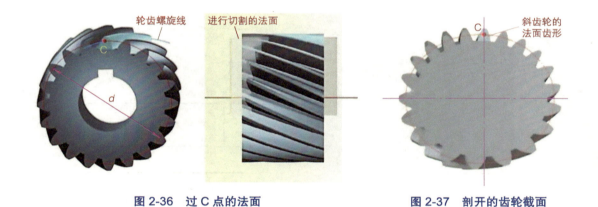

图 2-36　过 C 点的法面　　　　图 2-37　剖开的齿轮截面

过 C 点的轮齿作为斜齿轮的法面齿形，离其越远齿形变化越大。因此，需要找到一个直齿轮，使得直齿轮齿形与其一致，由此引入当量齿轮的概念，即一个与斜齿轮的法面齿形相当的假想直齿轮。

当量齿轮的齿数、模数和压力角分别用 z_v、m_n 和 α_n 表示，这里主要对当量齿数的确定进行简单介绍。

假定过 C 点的曲率半径 ρ 是当量齿轮的分度圆半径，则椭圆的曲率半径可以通过几何计算得到，如图 2-38 所示。

这样，再考虑模数就可以确定当量齿数 z_v：

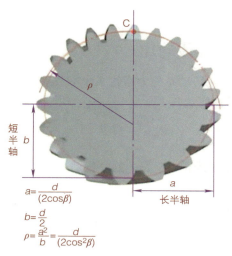

图 2-38 当量齿数的确定

$$z_v = \frac{2\rho}{m_n}$$
$$= \frac{d}{m_n \cos^2\beta} = \frac{zm_t}{m_n \cos^2\beta} = \frac{z}{\cos^3\beta}$$

(2.72)

可见,所谓的当量齿轮就是由 z_v、m_n 和 α_n 确定的直齿轮。标准斜齿轮不发生根切的最小齿数 z_{min} 为

$$z_{min} = z_{vmin}\cos^3\beta$$

(2.73)

由于 β 一般为 8°～20°,$\cos^3\beta$ 的数值很小。因此,z_{vmin} 为 17 时、斜齿轮对应的不发生根切的最小齿数比直齿轮更小。同样模数时,可以使齿轮的尺寸更小,结构更紧凑。

2.10.3 斜齿轮传动的优缺点

斜齿轮传动的优点主要包括以下三个方面:

1)啮合性能好,传动平稳,噪声小。斜齿轮的啮合过程是逐渐进入啮合和逐渐退出啮合的过程,接触线经历了由短变长和由长变短的过程,传动过程比直齿轮更加平稳;此外,可以通过调节螺旋角来调整中心距,无须变位。

2)重合度大,提高了承载能力。重合度增大意味着同时参与啮合的齿轮对数的增多,承载能力提高,传动更加平稳。

3)不根切的最小齿数少,结构更紧凑。

斜齿轮传动的缺点主要是会产生轴向力,如图 2-39 所示。

其中,F 为齿轮啮合力,轴向力 F_a 的计算如下:

$$F_a = F_t \cos\beta$$

(2.74)

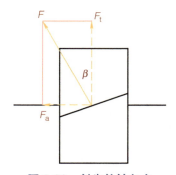

图 2-39 斜齿轮轴向力

由式(2.74)可知,当螺旋角过大时,轴向力会增加。这也是 β 一般为 8°～20° 的原因。工程上如果需要承载能力高、结构尺寸小的齿轮时,可以使用人字齿轮,其螺旋角 β 一般为

25°~40°，但其加工制造比较麻烦，常用于高速重载传动。

2.11 齿轮系的类型及传动比

由一系列齿轮所组成的齿轮传动系称为齿轮系。本节主要对齿轮系的相关内容进行介绍，包络齿轮系的分类及传动比等内容。

2.11.1 齿轮系的分类

根据齿轮系运转时各齿轮轴线相对于壳体的位置是否固定，可将轮系分为定轴轮系、周转轮系和复合轮系。

1) 定轴轮系指各齿轮的轴线相对于壳体的位置是固定的，其又可分为平面定轴轮系（各齿轮轴线互相平行）和空间定轴轮系（齿轮轴线不平行），空间定轴轮系中多是包含了锥齿轮副或蜗轮蜗杆传动。

2) 周转轮系指轮系运转时，至少有一个齿轮轴线的位置不固定，而是绕着其他齿轮的固定轴线转动，如图2-40所示。

图2-40中，齿轮2既绕着O_1轴转动，又与行星架H一起绕着O轴转动。整个机构的组成包括太阳轮（中间的齿轮和内齿圈都称为太阳轮）、行星轮和行星架，基本构件是作为输入的太阳轮和作为输出的行星架。

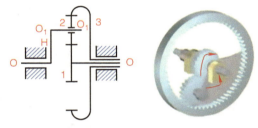

图 2-40 周转轮系示意图

周转轮系按自由度数目可分为差动轮系和行星轮系。其中，差动轮系有两个自由度，如图2-40所示，需要给定两个构件的运动才能确定第三个构件的运动；行星轮系有一个自由度，是将其中的一个太阳轮固定得到，如固定内齿圈，中间太阳轮输入时，行星架输出。

周转轮系也可按基本构件进行划分，令太阳轮为K，行星架为H，则可将周转轮系分为2K-H型和3K型行星轮系，分别如图2-41~图2-43所示。

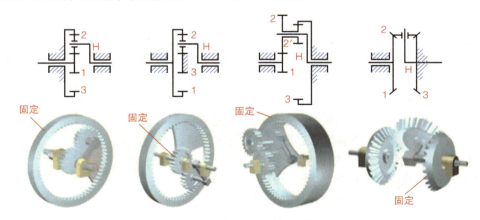

图 2-41 部分 2K-H 型行星轮系 1

3) 复合轮系是指既包含定轴轮系又包含周转轮系，或由几部分周转轮系组成的齿轮系统。

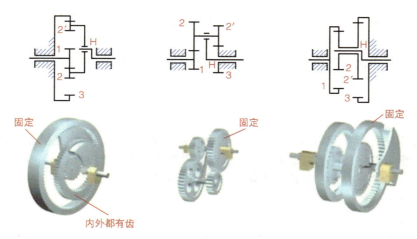

图 2-42 部分 2K-H 型行星轮系 2

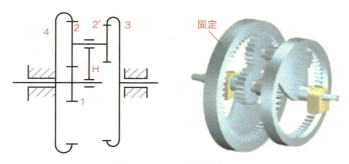

图 2-43 3K 型行星轮系

2.11.2 轮系的传动比

轮系的传动比指输入构件与输出构件的角速度之比,包括传动比的大小和输入输出两构件的转向关系。主要包括定轴轮系传动比和周转轮系传动比的计算。

1. 定轴轮系传动比的计算

定轴轮系的传动比指首、末两构件的角速度之比,同样包括传动比的大小和首、末两构件的转向关系两方面的内容。

容易得到,轮系传动比的大小等于轮系中各对啮合齿轮传动比的连乘积,如下式所示:

$$i_{14} = \frac{\omega_1}{\omega_4} = i_{12}i_{23}i_{34} = \frac{z_2 z_3 z_4}{z_1 z_2 z_3} \quad (2.75)$$

式中,i_{14} 为齿轮系传动比;ω_1 和 ω_4 为首末两轮的角速度;i_{12}、z_1、z_2 分别为轮系中第一对齿轮副的传动比和齿数,其他以此类推。由此可得定轴轮系的传动比大小可表达为

$$定轴轮系的传动比大小 = \frac{所有从动轮齿数的连乘积}{所有主动轮齿数的连乘积}$$

然后根据末轮转向是否与首轮一致，确定传动比的正负，两者转向相同则传动比为正，反之为负。

从上式还可以看出，对于仅有中间过渡和改变从动轮转向作用的齿轮，其不影响传动比的大小，称为中间轮或惰轮。

2. 周转轮系传动比的计算

在周转轮系中，行星架是转动的，行星轮既有自转又有公转，不能直接按定轴轮系的方法计算传动比，但可以将其转化为定轴轮系，从而使得传动比的计算可行。

转化的方法称为反转法，即将整个周转轮系施加一个"$-\omega_H$"，使得行星架转速ω_H变为0，从而得到一个转化的定轴轮系。

下面分别对差动轮系和行星轮系进行讨论。

（1）**差动轮系** 如图2-44所示，为方便计算，设各构件的角速度方向均为逆时针方向（与实际不同时，用负值输入）。

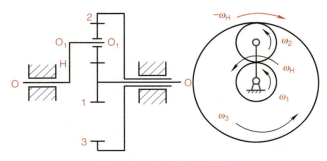

图2-44 差动轮系示意图

对整个轮系施加一个"$-\omega_H$"，各构件的角速度发生变化，见表2-3。

表2-3 转化后的角速度变化

构件	原角速度	转化轮系中的角速度
轮1	ω_1	$\omega_1^H = \omega_1 - \omega_H$
轮2	ω_2	$\omega_2^H = \omega_2 - \omega_H$
轮3	ω_3	$\omega_3^H = \omega_3 - \omega_H$
壳体4	$\omega_4 = 0$	$\omega_4^H = -\omega_H$
行星架H	ω_H	$\omega_H^H = \omega_H - \omega_H = 0$

转化之后的轮系如图2-45所示。可知，此时的轮系变为定轴轮系，可按定轴轮系进行传动比计算，即

$$i_{13}^H = \frac{\omega_1^H}{\omega_3^H} = \frac{\omega_1 - \omega_H}{\omega_3 - \omega_H} = \frac{-z_2 z_3}{z_1 z_2} = \frac{-z_3}{z_1} \qquad (2.76)$$

之所以加负号，是因为在转化轮系中ω_1^H与ω_3^H的转向相反。由上式可知，三个构件中，给定两个构件的运动即可确定第三个构件的运动。

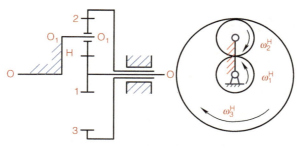

图 2-45 转化后的轮系

上式也可推广至一般表达式，设周转轮系中的两个太阳轮分别为 m 和 n，行星架为 H，则其转化轮系的传动比为：

$$i_{mn}^H = \frac{\omega_m^H}{\omega_n^H} = \frac{\omega_m - \omega_H}{\omega_n - \omega_H}$$

$$= \pm \frac{\text{在转化轮系中由} m \text{至} n \text{各从动轮齿数的乘积}}{\text{在转化轮系中由} m \text{至} n \text{各主动轮齿数的乘积}} \tag{2.77}$$

此式适合于轮 m 和 n 及 H 各轴线平行或重合的情况，此时，轮 m 或 n 可以是行星轮。此外，式中 ω_m、ω_n、ω_H 均为代数值，计算时要带有相应的"±"号，而"±"号是根据转化轮系中 m 和 n 两轮的转向关系确定的。

（2）**行星轮系** 对于图 2-44 所示的轮系，当齿轮 3 固定 ($\omega_3 = 0$) 后则转化为一行星轮系，转化轮系的传动比变为

$$i_{13}^H = \frac{\omega_1 - \omega_H}{0 - \omega_H} = -i_{1H} + 1 = \frac{-z_3}{z_1} \tag{2.78}$$

可得：$i_{1H} = 1 - i_{13}^H = \frac{1 + z_3}{z_1}$。

i_{1H} 即为轮 1 输入，行星架 H 输出时的轮系传动比。

同理，当齿轮 1 固定 ($\omega_1 = 0$) 后，转化轮系的传动比变为

$$i_{31}^H = \frac{\omega_3 - \omega_H}{0 - \omega_H} = -i_{3H} + 1 = \frac{-z_1}{z_3} \tag{2.79}$$

可得：$i_{3H} = 1 + \frac{z_1}{z_3}$。$i_{3H}$ 即为轮 3 输入、行星架 H 输出时的轮系传动比。

也可以推出另一传动比 i_{H3}（即行星架输入，轮 3 输出时的轮系传动比）如下：

$$i_{H3} = \frac{1}{1 + \frac{z_1}{z_3}} \tag{2.80}$$

（3）**复合轮系** 计算传动比时需将它们分开，分别列出各自的传动比计算关系式，进行联立求解。

2.12 行星轮系的设计

本节主要对行星轮系的类型选择及其设计的相关内容进行介绍。

2.12.1 行星轮系的类型

行星轮系的类型很多,在相同的速比和载荷条件下,采用不同的类型可以使轮系的外廓尺寸、重量和效率相差很多。因此,在设计行星轮系时,应重视轮系类型的选择。

行星轮系的选择主要考虑三个方面:满足传动比的要求、考虑轮系效率的高低、注意轮系中的功率流问题。

1)考虑是否满足传动比的要求。可分为两大类:负号机构和正号机构。前者是指转化轮系的传动比为负,后者是指转化轮系的传动比为正。

常见的负号机构 2K-H 型行星轮系及其传动比范围如图 2-46 所示。由图可知,不同类型的机构对应的传动比都有一定的范围。

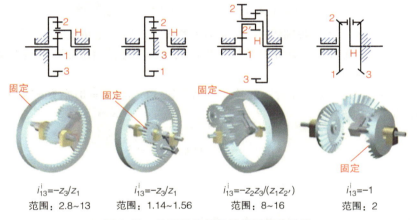

图 2-46 负号机构行星轮系及其传动比

常见的正号机构行星轮系如图 2-47 所示。对于正号机构,其传动比理论上可以趋向无穷大。

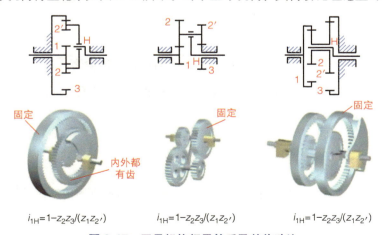

图 2-47 正号机构行星轮系及其传动比

2）考虑轮系效率的高低。正号机构传动比大，但其效率较低。负号机构虽然传动比范围有限，但其效率较高，因此动力传动时应采用负号机构；当要求有较大的传动比时，可采用负号机构的串联或负号机构与定轴轮系的复合，以获得较大的传动比（$i_{1H} = 10 \sim 60$）。而正号机构一般用在传动比大、但对效率要求不高的辅助装置中。

3）考虑封闭轮系中的功率流问题，即避免轮系中出现封闭的功率流。封闭功率流是只在轮系内部循环，而不能向外输出的一部分功率流。其会增大摩擦功率损失，降低轮系的效率和强度，对传动不利。

除此之外，还应考虑轮系的外廓尺寸、重量等要求。

2.12.2 行星轮系设计

行星轮系设计主要指行星轮系的配齿条件，包括单排和双排行星轮系中各轮齿数和行星轮个数的确定等内容。

（1）单排行星轮系的配齿 以图 2-48 所示的轮系为例，各轮齿数的选配需满足四个条件：传动比要求、同心条件、均布条件和邻接条件。

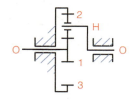

图 2-48 单排行星轮系

1）满足传动比的要求。由 $i_{1H} = 1 + z_3/z_1$，可得：

$$\frac{z_3}{z_1} = i_{1H} - 1 \tag{2.81}$$

2）满足同心条件。即齿轮 1、3 和行星架 H 须同轴线，如下式所示：

$$r'_3 = r'_1 + 2r'_2 \tag{2.82}$$

$$\text{或 } r_3 = r_1 + 2r_2 \text{（标准或等变位齿轮传动）}$$

式中，r' 为节圆半径；r 为分度圆半径。又由 $r = mz/2$ 可得：

$$z_3 = z_1 + 2z_2 \tag{2.83}$$

3）满足均布条件。行星轮均布的个数 k 与各轮齿数间应满足的安装条件，如图 2-49 所示。蓝色所示行星轮安装后旋转了角度 φ，然后放入红色所示行星轮。此时中间太阳轮转过的角度 θ 与蓝色所示行星轮中心转角 φ 的关系为

$$\frac{\theta}{\varphi} = \frac{\omega_1}{\omega_H} = i_{1H} = 1 + \frac{z_3}{z_1} \tag{2.84}$$

即 $\theta = \left(1 + \dfrac{z_3}{z_1}\right)\varphi = \left(1 + \dfrac{z_3}{z_1}\right)\dfrac{360°}{k}$

此外，为了保证能够均布安装，则中间太阳轮需恰好转过整数个齿 N，即

$$\theta = N\frac{360°}{z_1} \tag{2.85}$$

两式联立可得：

$$\frac{z_1 + z_3}{k} = N \tag{2.86}$$

也就是说,均布安装的条件为:两个太阳轮的齿数之和应能被行星轮的个数 k 整除。

4)保证满足邻接条件。即相邻两个行星轮之间不发生干涉,也就是两行星轮的中心矩需大于两个行星轮齿顶圆半径之和。对于标准齿轮来说,两轮的齿顶圆半径之和就是齿顶圆直径。用图 2-49 中尺寸表示时即为

$$2(r_1+r_2)\sin\frac{\frac{360°}{k}}{2} > 2(r_2+h_a^*m) \quad (2.87)$$

即 $(z_1+z_2)\sin\frac{180°}{k} > z_2 + 2h_a^*$ (标准齿轮)

其中,r_1 和 r_2 分别为中间太阳轮和行星轮的分度圆半径。

(2)双排行星轮系的配齿 以图 2-50 所示的轮系为例,各轮齿数的选配也需满足四个条件:传动比要求、同心条件、均布要求和邻接条件。

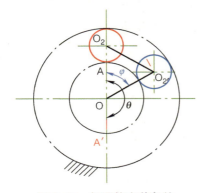

图 2-49 行星轮安装条件

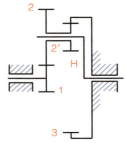

图 2-50 双排行星轮系

1)满足传动比条件。如下式所示:

$$\frac{z_2 z_3}{z_1 z_{2'}} = i_{1H} - 1 \quad (2.88)$$

2)满足同心条件。设各齿轮模数相同,则

$$z_3 = z_1 + z_2 + z_{2'} \quad (2.89)$$

3)满足均布安装条件。设 N 为整数,则

$$\frac{z_1 z_{2'} + z_2 z_3}{z_2} k = N \quad (2.90)$$

4)满足邻接条件。假设 $z_1 > z_{2'}$,则

$$(z_1 + z_2)\sin\frac{180°}{k} > z_2 + 2h_a^* \quad (2.91)$$

此外,在具有多个行星轮的行星轮系中,常把某些机构做成能在一定范围内自由浮动的结构,以达到自动调节和均衡各行星轮载荷的目的。均载类型常包括太阳轮浮动均载装置和行星轮浮动均载装置。

2.13 齿轮的修形

齿轮的修形是指齿面的微观调整。本节主要对齿轮修形的相关内容进行简单介绍。

2.13.1 齿轮修形的目的

变速器系统在实际运行过程中，由于动态载荷的影响，轴、轴承和变速器壳体都会发生变形，使得啮合的齿轮之间会产生错位量，从而可能导致齿轮的寿命降低。

在设计中可以通过微调齿轮几何参数来降低或抵消错位量的影响，使接触应力、弯曲应力和传动误差能降低到可接受的范围，最终提高齿轮性能，并达到减振降噪的目的。这种齿面的微观调整称为齿轮修形。

齿轮修形主要包括齿廓修形和齿向修形，齿廓和齿向的定义如图 2-51 所示。

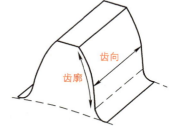

图 2-51　齿廓和齿向的定义

齿廓修形也就是渐开线修形，主要调整的是齿廓方向的几何参数（从齿根到齿顶），降低由于轮齿弹性变形、制造误差、热处理误差和装配误差等的影响。

齿向修形指沿着齿宽方向的几何参数调整，包括齿向斜度修正、齿向鼓形修形等，齿向修形应用较多，常见的修形特征包括线性修形（在齿宽的起始或终止位置设定线性修形的起始点和修形量）、抛物线修形（在齿宽的起始或终止位置设定抛物线修缘的起始点和修形量）等。

除此之外，还有对角线修形，是针对制造过程中出现的轮齿扭曲现象，在汽车变速器中一般应用较少。

2.13.2 齿轮修形的类型

齿轮修形主要包括啮合错位量定义、齿向斜度修形、渐开线斜度修形、齿顶修缘、齿向鼓形和渐开线鼓形等内容。

1. 正负啮合错位量

齿轮副正啮合、负啮合错位量如图 2-52、图 2-53 所示。其中，图 2-52 所示为正啮合错位量，定义为当沿着 Z 轴正方向两齿面分离越来越远时的错位量。图 2-53 所示为负啮合错位量，定义为当沿着 Z 轴负方向两齿面分离越来越远时的错位量。

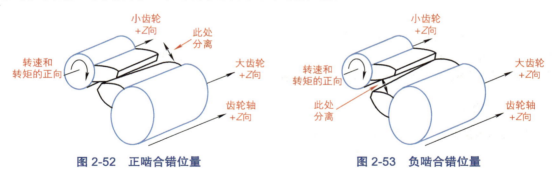

图 2-52　正啮合错位量　　　　　　　　图 2-53　负啮合错位量

通常，当从齿轮轴的 Z 轴（而不是齿轮局部坐标系中的 Z 轴）负方向朝正方向看时，定义顺时针方向的转矩为正。这可能与旋转方向相同，也可能相反。

2. 齿向斜度修形

沿着齿宽方向，在 Z 轴的一侧方向去除材料、另一侧保持不变时的修形称为齿向斜度修形。正、负齿向斜度的定义分别如图 2-54、图 2-55 所示。

当沿着齿宽方向，在 Z 轴负方向侧去除材料、而 Z 轴正方向保持不变时，齿向斜度为正，反之则为负。

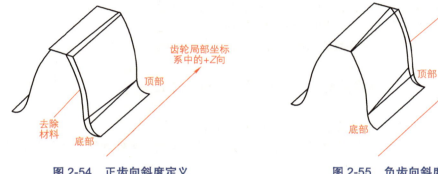

图 2-54　正齿向斜度定义　　　　图 2-55　负齿向斜度定义

3. 渐开线斜度修形

沿着渐开线方向，在齿根（或齿顶）去除材料、而相应地在齿顶（或齿根）保持不变的修形称为渐开线斜度修形。其也分为渐开线斜度正方向和负方向，其定义如图 2-56、图 2-57 所示。

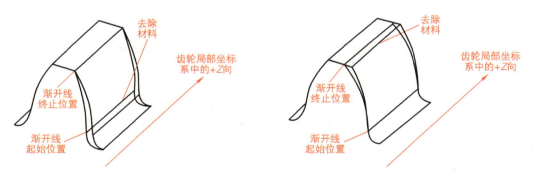

图 2-56　渐开线斜度正方向定义　　　　图 2-57　渐开线斜度负方向定义

当沿着渐开线方向，在齿根（渐开线起始位置）去除材料，而齿顶（渐开线终止位置）保持不变时，渐开线斜度为正；当沿着渐开线方向，在齿顶（渐开线终止位置）去除材料，而齿根（渐开线起始位置）保持不变时，渐开线斜度为负。

4. 齿顶修缘

齿顶修缘顾名思义，在齿顶位置去除材料，如图 2-58 所示。

5. 齿向鼓形

齿向鼓形即沿齿宽方向的鼓形量。如果鼓形量为正值，则在评估范围内的中心位置不去除材料，而是在齿面两端去除材料，形成齿向鼓形，如图 2-59 所示。

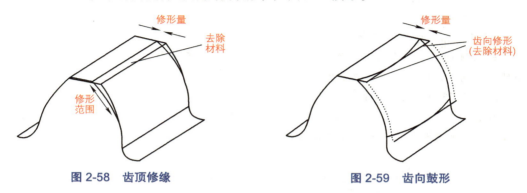

图 2-58　齿顶修缘　　　　　　　　图 2-59　齿向鼓形

6. 渐开线鼓形

当在渐开线的起始位置和终止位置处去除材料，而齿廓中点（渐开线起始和终止位置的中点）没有去除材料时，则渐开线鼓形量为正；若在齿廓中点处去除材料，在起始和终止位置没有去除量时，则渐开线鼓形量为负。

最后说明一下齿廓修形和齿向修形的范围控制。通常，认为齿宽方向的范围是 15% 起始到 85% 终止、齿廓方向的范围是渐开线起始位置到齿顶倒角直径位置。

> **Note1. 分度圆与节圆**
>
> 分度圆是指齿顶高与齿根高分界的圆，也是齿轮齿厚与齿间相等时所在位置的圆。在齿轮加工时用于对 360° 分度而采用，因此叫作分度圆，一般将其作为齿轮设计计算的基准圆。
>
> 对于节圆需要先了解节点。过两齿轮的啮合接触点 K 所做的两齿廓的公法线 $N_1—N_2$ 与两齿轮旋转中心连线的交点称为节点。渐开线圆柱齿轮啮合传动时由于传动比恒定使得节点到各自中心的长度不变，则节点绕各自中心旋转而成为节圆，两齿轮啮合则相当于两个节圆纯滚动，如图 2-60 所示。
>
>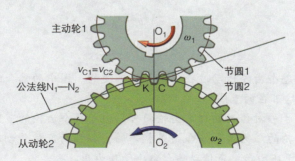
>
> 图 2-60　节圆示意图

综上所述，节圆与分度圆的区别如下：

1）节圆是一对齿轮啮合传动时才会出现的、节点绕齿轮中心的圆,是啮合时成对出现;分度圆只存在于单一的齿轮。

2）两齿轮节圆的大小是随其中心距的变化而变化的;分度圆是每个齿轮都有一个唯一的大小、完全确定的圆。

3）在标准安装时,二者重合。

最后再说一下基圆和分度圆。基圆是形成渐开线齿形的基础圆。分度圆是决定齿轮大小的基准圆。基圆与分度圆都是齿轮的重要几何尺寸。

Note2. 压力角与啮合角

啮合角是齿轮啮合过程中所定义的一个角,即单个齿轮不存在啮合角,这也是啮合角与压力角最本质的区别。啮合角及压力角的定义如图2-61、图2-62所示。

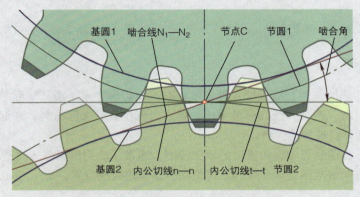

图 2-61 啮合角的定义

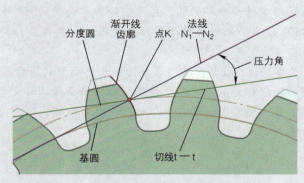

图 2-62 压力角的定义

所以,啮合角在整个齿轮传动过程中是始终不变的。图中的啮合线是渐开线齿廓在啮合过程中所有啮合点均落在的直线。

通常情况下,对于一对传动的标准齿轮而言,由于每个齿轮的节圆半径和其分度圆半径相等,所以该对齿轮的压力角和啮合角是相等的,但在角变位传动时,二者不相等。其中,正传动啮合角大于压力角,负传动啮合角小于压力角。

Note3. 无侧隙啮合方程的推导

需要用到的公式有三个:

1）任意圆齿厚（公式推导见 Note4）：

$$s' = \frac{sr'}{r} - 2r'(\text{inv}\alpha' - \text{inv}\alpha)$$

2）任意圆齿距（公式推导见 Note6）：

$$p' = p\frac{\cos\alpha}{\cos\alpha'} = \pi m\frac{\cos\alpha}{\cos\alpha'}$$

3）变位齿轮分度圆齿厚：

$$s = \frac{p}{2} + 2xm\tan\alpha = \frac{\pi m}{2} + 2xm\tan\alpha$$

可得任意齿槽宽：

$$e' = p' - s' = \pi m\frac{\cos\alpha}{\cos\alpha'} - \left(\frac{\pi m}{2} + 2xm\tan\alpha\right)\frac{r'}{r} + 2r'(\text{inv}\alpha' - \text{inv}\alpha)$$

又 $r'\cos\alpha' = r\cos\alpha$（都等于基圆半径），所以任意齿槽宽转化为

$$e' = \pi m\frac{\cos\alpha}{\cos\alpha'} - \left(\frac{\pi m}{2} + 2xm\tan\alpha\right)\frac{\cos\alpha}{\cos\alpha'} + mz\frac{\cos\alpha}{\cos\alpha'}(\text{inv}\alpha' - \text{inv}\alpha)$$

无侧隙啮合的条件为：齿轮 1 的节圆齿厚等于齿轮 2 的节圆齿槽宽；齿轮 1 的节圆齿槽宽等于齿轮 2 的节圆齿厚，即 $s_1' = e_2'$，$s_2' = e_1'$。由上面的公式可得 s_1' 和 e_2' 分别为

$$s_1' = \left(\frac{\pi m}{2} + 2x_1 m\tan\alpha\right)\frac{\cos\alpha}{\cos\alpha'} - mz_1\frac{\cos\alpha}{\cos\alpha'}(\text{inv}\alpha' - \text{inv}\alpha)$$

$$e_2' = \pi m\frac{\cos\alpha}{\cos\alpha'} - \left(\frac{\pi m}{2} + 2x_2 m\tan\alpha\right)\frac{\cos\alpha}{\cos\alpha'} + mz_2\frac{\cos\alpha}{\cos\alpha'}(\text{inv}\alpha' - \text{inv}\alpha)$$

两式相等，联立后约去 $\cos\alpha/\cos\alpha'$ 可求得：

$$x_1 + x_2 = \frac{(z_1 + z_2)(\text{inv}\alpha' - \text{inv}\alpha)}{2\tan\alpha}$$

Note4. 任意圆上齿厚方程的推导

如图 2-63 所示，进行公式推导。

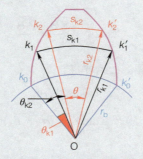

图 2-63　任意圆上齿厚的推导

若已知半径为 r_{k1} 的圆，其对应的齿厚为 s_{k1}（弧长 k_1k_1'），则半径为 r_{k2} 圆上的齿厚 s_{k2} 为（弧长 k_2k_2'）：

$$\begin{aligned} s_{k2} &= \theta r_{k2} \\ &= (\angle k_1Ok_1' - 2\angle k_1Ok_2)r_{k2} \\ &= \left[\frac{s_{k1}}{r_{k1}} - 2(\theta_{k2} - \theta_{k1})\right]r_{k2} \\ &= \frac{s_{k1}r_{k2}}{r_{k1}} - 2r_{k2}(\mathrm{inv}\alpha_{k2} - \mathrm{inv}\alpha_{k1}) \end{aligned}$$

角度 θ 到渐开线函数 inv 的推导见 Note5。

Note5. θ 到渐开线函数 inv 的推导

此推导基于渐开线的一个重要特性进行，即发生线沿基圆滚过的直线长度等于基圆上被滚过的弧长，渐开线函数的推导如图 2-64 所示。

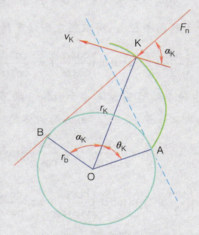

图 2-64 渐开线函数推导

其中，直线 $\overline{KB}$ 为渐开线的发生线，图中弧长 $\overset{\frown}{AB}$ 即和直线 $\overline{KB}$ 相等，K 点即为瞬时转动中心。记线段 $\overline{KO}$ 为瞬时转动半径 r_K，线段 $\overline{BO}$ 为基圆半径 r_b，α_K 为渐开线上 K 点的压力角，θ_K 为渐开线上 K 点的展角。

由几何关系可得：

$$\tan\alpha_K = \frac{\overline{KB}}{r_b} = \frac{\overset{\frown}{AB}}{r_b}$$

由弧长等于角度乘以半径，结合上式可得：

$$r_b\tan\alpha_K = \theta r_b$$

从而 $r_b\tan\alpha_K = (\alpha_K + \theta_K)r_b$

因此得到：

$$\begin{aligned} \theta_K &= \tan\alpha_K - \alpha_K \\ &= \mathrm{inv}\alpha_K \end{aligned}$$

Note6. 任意圆齿距方程的推导

首先,任意圆的周长可以用齿数和齿距的乘积表示,则下式成立:

$$zp' = 2\pi r'$$

可得 $p' = \dfrac{2\pi r'}{z}$

式中,z 为齿数;p' 为单个齿距;r' 为任意圆的半径。当 r' 为分度圆半径 r(即 $mz/2$)时,p' 即为分度圆齿距 p,则:

$$p = \dfrac{2\pi r}{z}$$

其次,由 Note5 中的图可知,当 K 点为分度圆上一点时,r_K 即为分度圆半径 r,α 为分度圆上的压力角,则基圆半径 r_b 可表示如下:

$$r_b = r\cos\alpha$$

或 $r = \dfrac{r_b}{\cos\alpha}$

事实上,K 点为任意圆上一点时,上式依然成立。

最后,用任意圆上的单个齿距 p'(对于压力角为 α',半径为 r')与分度圆齿距 p 相比,可得:

$$\dfrac{p'}{p} = \dfrac{\dfrac{2\pi r'}{z}}{\dfrac{2\pi r}{z}} = \dfrac{r'}{r}$$

$$= \dfrac{r_b}{\cos\alpha'} \dfrac{r_b}{\cos\alpha}$$

$$= \dfrac{\cos\alpha}{\cos\alpha'}$$

从而得到:

$$p' = p\dfrac{\cos\alpha}{\cos\alpha'}$$

第3章 振动噪声基础

在上一章中已经对齿轮的基本知识进行了介绍，本章将对振动噪声的相关知识进行阐述，主要包括声音的基本性质、传播与衰减、振动噪声的基本概念以及其他相关内容。

3.1 声音的基本性质

声音是由物体振动产生的，而振动在弹性介质中的传播形式即为声波，处于一定频率范围（20Hz～20kHz）内的声波作用于人耳就产生了声音的感觉。

声音的形成必须具备三个要素：声源、传递介质和接收体。

当拨动琴弦时，弦的振动就是声源。但声源不一定都是固体，液体和气体的振动也会产生声音，如海上的浪涛声。

如果将发声物体置于一个真空罩内，则声音将无法传出。所以，声音的传播还需要一定的媒介物质，如空气、水等流体，或钢铁、玻璃等固体。

有了声源和传递介质后，也并不是一定就会使人有声音的感觉，因为人耳可以听到的声音频率范围只是在 20Hz～20kHz 之间。频率低于 20Hz 的声音称为次声，频率高于 20kHz 的声音称为超声，二者对于人耳来说都是感觉不到的。

3.2 声音的传播与衰减

声波是机械波，其传播过程是能量的传播过程。传播时引起了周围介质质点的振动，振动质点又引起了其他周围质点的振动，这样振动就在介质中传播开来。根据振源不同，可将声波分为机械声和气动声，前者指机械振动产生的声波，后者指流体流动或物体在流体中运动引起流体振动产生的声波。

声波在传播过程中会遇到障碍物，如果障碍物的大小和声波波长差不多，声波会发生衍射，即声波绕过障碍物发生传播方向改变的现象，让人有"未见其人、先闻其声"的感觉；如果障碍物的尺寸比声波波长小，声波则会发生散射，即把入射声波的部分能量重新分配在多个方向上；如果障碍物的尺寸比声波波长大得多，声波则会发生反射。

声音在传播过程中会不断地衰减，因此，对于同一声源，离声源近时声音会大，离声源远时声音会小。声音衰减的原因主要有两个：

1）当声波从声源向外辐射时，波前的面积会随传播距离的增加而变大，使得声波被扩散，则通过单位面积上的声能就相应减少；

2）由于传播介质的黏滞性和热传导等原因，使得声波被吸收。

这两个原因均使声波在传播过程中，声能不断地被转化为其他形式的能量，导致声强不断衰减。

3.3 声压、声强、声功率

描述声音高低的物理量是频率，而描述声音强弱的物理量则是声压、声强与声功率[2]。本节主要对这三个物理量进行介绍。

3.3.1 声压

声源的振动以声波的形式在介质中传播，所涉及的区域称为声场。当声波在空气中传播时，声场中某一点的空气分子在其平衡位置沿着声波前进的方向前后振动，使平衡位置处空气的密度时疏时密，从而引起此处的空气压力相对于没有声音传播时的静压发生变化。声压（Sound Pressure）就是该点的空气压强相对于静压强的差值，常用字母 p 表示，单位为 Pa。在连续介质中，声场中任一点的运动状态和压强变化都可用声压表示。

声压是用来度量声音强弱的物理量。声音通过空气传入人耳后，引起耳膜振动，从而刺激听觉神经，产生声音的感觉。声压越大，耳膜受到的压力越大，感觉到的声音就越强。因为声波作用会引起声场中某点介质的压缩或膨胀，所以声压有正有负。

声压可用瞬时声压和均方根声压（即有效声压）表示，前者是指声场介质中某点在某瞬时相对于静压强的单位面积上的声压变化；后者是指瞬时声压在某一时间周期内的均方根值。通常说的声压指的是均方根声压。

3.3.2 声强

声音在介质中传播时，介质本身并不会随着声波传播出去，而只是在其平衡位置附近来回振动。因此，声音的传播本质上是振动的传播，传递的是物质的能量，而非物质本身。

声强（Sound Intensity）定义为垂直于声波传播方向在单位时间、单位面积上通过声波的平均声能，常用字母 I 表示，单位为 W/m²。

声强以能量的方式来度量声音的强弱，声强越大表示单位时间内接受的声能越多，声音就越强。在自由声场中，任一方向上的声强可用下式计算：

$$I = \frac{p^2}{\rho c} \tag{3.1}$$

式中，p 为声压（Pa）；ρ 为介质密度（kg/m²）；c 为声音在介质中的速度（m/s）。

声波在弹性介质中传播的速度称为声速。声速随弹性介质温度的上升而增加，在温度为 0℃空气中的声速为 331.4m/s，20℃时则为 343m/s。此外，不同介质中的声速也是不同的，如水中的声速约为 1450m/s，钢铁中的声速约为 5000m/s，砖墙中的声速约为 2000m/s。

3.3.3 声功率

我们知道，功是指物体位移的距离与作用在位移方向上力的乘积。因此，把声波沿着其传播方向传送的能量、即做功的速率称为声功率（Sound Power），也就是声源在单位时间内向外辐射的声能，常用字母 W 表示，单位为瓦（W）。

声强 I 与声功率 W 之间的关系如下：

$$I = \frac{W}{S} \tag{3.2}$$

式中，S 为垂直于声波传播方向的面积。

声功率是一个测试声源能力的物理量，和测试点的位置及距离无关，而声压和声强与测量距离有关。

3.4 分贝

提起分贝，第一感觉通常都是描述声音大小的单位，但严格来说，它是一个无量纲量。分贝除了应用于声学领域外，在其他很多领域也都有应用。本节将从其来源、定义及相关使用三个方面进行介绍。

3.4.1 分贝的来源

"分贝"是以美国发明家亚历山大·贝尔（Alexander Bell）的名字命名的，其最初来源于长途电信的计量和测算，后来才被广泛应用在电工、无线电、力学、冲击振动、机械功率和声学等领域。

分贝（Decibel）其实可拆分为"分"（Deci- 指十分之一）和"贝"（Bel），也就是 1/10 贝尔。实际中一般将其用于度量两个相同单位的数量比例，当用于度量声音强度时，常用 dB 表示。

3.4.2 分贝的定义

分贝定义为两个数值的对数比值，其中的两个数值分别为实际值和基准值。一般有两种形式：

1）表示功率量之比的一种单位，等于功率强度之比的常用对数的 10 倍，如下式所示：

$$1\text{dB} = 10\lg\frac{W}{W_0} \tag{3.3}$$

常见的功率量有声功率（W）、声强（W/m²）和能量等。对应的基准值 W_0 有 4 个：声功率（10^{-12} W）、声强（10^{-12} W/m²）、声能密度（10^{-12} J/m³）和能量（10^{-12} J）。

2）表示场量之比的一种单位，等于场强幅值之比的常用对数的 20 倍，如下式所示：

$$1\text{dB} = 20\lg\frac{X}{X_0} \tag{3.4}$$

常见的场量有声压（Pa）、位移（m）、加速度（m/s²）和力等。对应的基准值 X_0 常用的有 5 个：声压（2×10^{-5} Pa）、位移（10^{-12} m）、速度（10^{-9} m/s）、加速度（10^{-6} m/s²）和力（10^{-6} N）。

3.4.3 分贝的使用

分贝在声学领域的应用最为广泛，下面以声压级（Sound Pressure Level，SPL）为例进行说明。

前面已经提到，人耳可听声的频率范围是 20Hz～20kHz，对应的声压范围即为 20μPa（2×10^{-5}Pa）～20Pa。20μPa 是人耳刚能听到的声压，定义为听阈声压；20Pa 是使人耳感觉疼痛的声压，定义为痛阈声压。可见，两者之间相差了 100 万倍。因此，为了度量与记录的方便，就采用了声压级的概念，如图 3-1 所示。

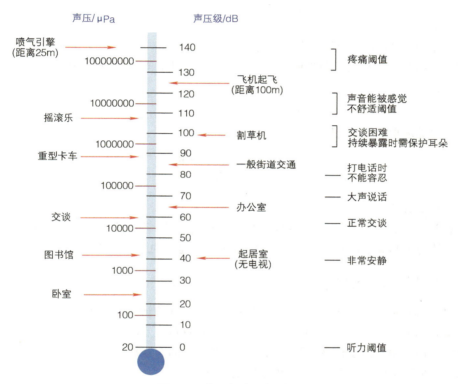

图 3-1 声压与声压级对比

此外，分贝的使用中另一个需要关注的方面，是其叠加问题。对于声压级，先说结论：
1）对于两个频率相同、相位相同的声源，声源叠加后对应的声压级会增大 6dB；
2）对于两个频率相同、相位相反的声源，声源叠加后相互抵消，幅值变为 0；
3）两个相同的声压级（但不相关），合成后的声压级增大 3dB；
4）总数为 n 个没有相位关系的声源叠加时，合成后的总声压级按下式计算：

$$\text{SPL}_{总} = 10\lg(10^{\text{SPL}1/10} + 10^{\text{SPL}2/10} + \cdots + 10^{\text{SPL}n/10}) \tag{3.5}$$

对于结论 1：假设某一频率下的两个声源，其相位相同，声压大小均为 2Pa（对应声压级 100dB），则合成后的声压为 4Pa，其对应的声压级为：

$$\text{SPL} = 20\lg[4/(2\times10^{-5})] \approx 106\text{dB} \tag{3.6}$$

即，叠加后声压级增大了 6dB。同样的方法可分析结论 2。

对于结论 3 和 4：均可使用结论 4 中的公式进行验证。

也就是说，声压级的合成运算不能直接相加减，要以能量的形式进行计算。

与声压级相对应，也存在声强级，可由式（3.3）计算得到。当声场中存在 n 个相互独立的声源时，他们发出的声强可以按代数相加：

$$I = I_1 + I_2 + \cdots + I_n \qquad (3.7)$$

因此，总的声强级 L_I 为

$$L_I = 10\lg \frac{I_1 + I_2 + \cdots + I_n}{I_0} \qquad (3.8)$$

其中，$I_0 = 10^{-12} \text{W/m}^2$，为基准声强。

声功率级与声强级相同，即当声场中存在 n 个相互独立的声源时，他们发出的声功率可以按代数相加：

$$W = W_1 + W_2 + \cdots + W_n \qquad (3.9)$$

因此，总的声功率级 L_W 为

$$L_W = 10\lg \frac{W_1 + W_2 + \cdots + W_n}{W_0} \qquad (3.10)$$

其中，$W_0 = 10^{-12} \text{W}$，为基准声功率。

在进行计算时，有时会用到一些常见物理量及其参数，如大气静压强（$1.01325 \times 10^5 \text{Pa}$）、空气密度（约为 1.293kg/m^3）、温度 25℃时空气中的声速（约为 346m/s）等。

3.5 响度与声级计权

噪声是一种环境现象，也是一种由人类活动产生的环境污染物。但与其他污染物不同，噪声污染有着自己的特点，如定义很主观、衰退很快以及对人们的影响很难评价等。因此，当以声压、声强、声功率来表示声音的强弱时，只是对声音的客观评价，不能准确地反映人对噪声的主观感受。本节主要对噪声主观评价的内容进行介绍。

3.5.1 响度

实验表明，即使两个声压相同的声源，当频率不同时，人耳的主观感觉也是不同的，即高频声比低频声响得多。也就是说人耳对声音大小的感觉不但与声压有关，还与频率有关，由此引入了响度的概念。

响度是人耳对声音的主观感觉，即声音"响"的程度，单位是宋（sone），常用字母 N 表示。与声压级一样，也存在响度级，其单位为方（phon），常用 L_N 表示。响度级既考虑了声音的物理效应，又考虑了人耳的听觉生理效应，是人耳对声音的主观评价。响度与响度级是一一对应的，规定响度级 40 方时响度为 1 宋。试验表明，当响度级大于 30 方时，响度级每增加 10 方时，响度会增加一倍，如 50 方时为 2 宋，60 方时为 4 宋。

以分贝表示的声压级对测试声频率作图可以得到一簇曲线，称为等响曲线，如图 3-2 所示。

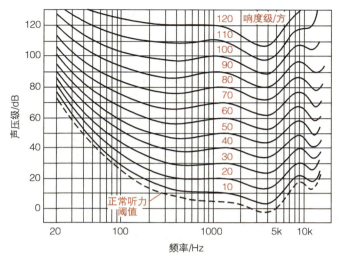

图 3-2 等响曲线

等响曲线的意义在于表明响度与频率的关系,它是根据大量听者认为响亮程度相同的纯音的声压级与频率的关系得来的。其以 1000Hz 纯音作为基准声信号,如果一个声学信号听起来与 1000Hz 纯音一样响,则其响度级"方"值就等于 1000Hz 纯音声压级的分贝值。例如,某声音听起来与频率为 1000Hz、声压级为 90dB 的纯音一样响,则此声音的响度级为 90 方。

在图 3-2 中,虽然每条曲线上的各点代表了不同频率和声压级的声音,但人耳主观感觉到的声音响度却是一样的,这也是等响曲线的由来。由等响曲线可知。

1)最下面的虚线表示听力阈值,称为零响度级线;120 方响度级线称为痛阈线。对应每个频率都有各自的闻阈声压级与痛阈声压级,二者曲线之间的声音是人耳能听到的全部声音。

2)人耳对低频声的反应较迟钝,频率很低时,即使声压级很高也不一定能听到。

3)人耳对高频声较敏感,特别是 2000～5000Hz 频率范围的声音。因此,在噪声控制中,应首先对中、高频的刺耳声进行降低。

3.5.2 声级计权

用响度级来表示人们对声音的主观感觉过于复杂,于是为了简单起见,在等响曲线中选了三条曲线:一条是 40 方的曲线,代表低声压级的响度感觉;一条是 70 方的曲线,代表中等强度的响度感觉;一条是 100 方的曲线,代表高声强时的响度感觉。

按照这三条曲线的形状设计了 A、B、C 三条计权网络。A 计权网络特性曲线对应于倒置的 40 方等响曲线,B 计权网络特性曲线对应于倒置的 70 方等响曲线,C 计权网络特性曲线对应于倒置的 100 方等响曲线。

实践证明,不论噪声强度高还是低,A 计权都能很好地反映人对噪声响度和吵闹的感觉;而且,A 计权同人耳的听力损伤程度也能够对应得很好,即计权损失越高,损伤也越严重。所以,人们基本上用 A 计权进行测量和评价声音的大小以及响与不响;B 声级基本不用;C 声级响应平直,可用于测量频谱总声压级。

需要说明的是,A 计权虽然能较好地反映人耳对噪声强度和频率的主观感受,但只适用于连续而稳定的噪声评价。对于在一定时间内不连续的噪声,可以用总的工作时间内进行平均的方法来评价噪声对人的影响，这样计算出来的声级称为等效 A 计权。

3.6 倍频程

倍频程定义为两个基频相比为 2 的声音间的距离，亦可称为 1/1 倍频程。倍频程的频率范围中，两个基频指的是这个频率范围的最高频率（上限频率）和最低频率（下限频率）。

前面已经提到，人耳可听声的频率范围为 20Hz～20kHz，但在进行声音信号的频谱分析时，为了方便起见，常把这个声频范围分为几个段落，每个频带就称为一个频程。

频程的划分采用恒定带宽比的方式，即保持频带的上、下限之比为一常数。因此，若每一频带的上限频率与下限频率比值为 2，则这样划分的频程称为 1 倍频程，简称倍频程。如果在一个倍频程的上、下限频率之间再插入两个频率，使 4 个频率之间的比值相同（相邻两频率比值为 1.26），这样就将一个倍频程划分为 3 个频程，即为 1/3 倍频程。

实验证明，当声音的声压级不变而频率提高一倍时，听起来音调也提高一倍，即频率每增加一倍，音高增加一个倍频程。

倍频程中还会涉及中心频率的概念，中心频率指的是上限频率与下限频率的乘积的开方。如 125Hz 倍频程或 250Hz 倍频程，是指以 125Hz 或 250Hz 为中心频率的一个倍频程范围。

在噪声测量中，通常用 1/1 倍频程和 1/3 倍频程，其对应的中心频率见表 3-1。

表 3-1　两个倍频程的中心频率与带宽

频带号	中心频率 /Hz	1/3 倍频程带宽 /Hz	1/1 倍频程带宽 /Hz
1	1.25	1.12～1.41	—
2	1.6	1.41～1.78	1.41～2.82
3	2	1.78～2.24	—
4	2.5	2.24～2.82	—
5	3.15	2.82～3.55	2.82～5.62
6	4	3.55～4.47	—
7	5	4.47～5.62	—
8	6.3	5.62～7.08	5.62～11.2
9	8	7.08～8.91	—
10	10	8.91～11.2	—
11	12.5	11.2～14.1	11.2～22.4
12	16	14.1～17.8	—
13	20	17.8～22.4	—
14	25	22.4～28.2	22.4～44.7
15	31.5	28.2～35.5	—
16	40	35.5～44.7	—
17	50	44.7～56.2	44.7～89.1
18	63	56.2～70.8	—
19	80	70.8～89.1	—

(续)

频带号	中心频率/Hz	1/3 倍频程带宽/Hz	1/1 倍频程带宽/Hz
20	100	89.1～112	89.1～178
21	125	112～141	—
22	160	141～178	—
23	200	178～224	178～355
24	250	224～282	—
25	315	282～355	—
26	400	355～447	355～708
27	500	447～562	—
28	630	562～708	—
29	800	708～891	708～1410
30	1000	891～1120	—
31	1250	1120～1410	—
32	1600	1410～1780	1410～2820
33	2000	1780～2240	—
34	2500	2240～2820	—
35	3150	2820～3550	2820～5620
36	4000	3550～4470	—
37	5000	4470～5620	—
38	6300	5620～7080	5620～11200
39	8000	7080～8910	—
40	10000	8910～11200	—
41	12500	11200～14100	11200～22400
42	16000	14100～17800	—
43	20000	17800～22400	—

3.7 吸声、隔声、消声

噪声的控制主要有三个方面：声源处根治、传播路径上控制以及在接受处采取防护措施。本节主要对噪声传播路径上的控制措施进行介绍，包括吸声、隔声和消声等内容。

3.7.1 吸声

人们在普通房间里听到的声音，除了由声源直接通过空气传达的直达声外，还有由房间的墙面、地面以及其他设备经多次反射而来的反射声，即混响声。混响声的叠加作用会使声音强度提高。

当在房间内装设吸声结构后，声波投射到其表面时，部分声能就会被吸收，从而使得反射声减少，总的声音强度降低。这种利用吸声材料和吸声结构来降低室内噪声的技术，称为吸声。

声波入射到材料表面时，被材料吸收的声能与入射声能的比值称为吸声系数，可用来表征材料的吸声性能。一般材料的吸声系数在 0.01～1.0 之间，数值越大表明材料的吸声效果越好，通常把吸声系数大于 0.2 的材料称为吸声材料。吸声系数的大小与材料的物理性质、声波频率及声波入射角度有关。

实践表明，多孔吸声材料对于高频声有较好的吸声能力，但对低频声的吸声能力较差。为此，人们利用共振原理制成了一些吸声结构，如薄板共振吸声结构、穿孔板共振吸声结构等。

需要说明的是，利用吸声材料来降低噪声是有一定条件的。吸声材料只吸收反射声，对声源直接发出的直达声不起作用。所以，通常其降低的噪声值不超过 10dB，只适用于有限空间内的降噪处理。

3.7.2 隔声

利用木板、墙体、隔声罩等部件将噪声源与接收者分割开来，使噪声在传播途径中受到阻挡以减弱噪声传递的方法称为隔声。

噪声按传递方式可分为空气声和固体声，但通常任何接收位置上都包含了两种传声的结果。对于空气声，常用重而密实的构件隔离；对于固体声常用隔振的措施，如通过弹簧、橡胶或其他弹性垫层进行隔离。这里重点阐述空气声的隔声。

声波在传播路径中遇到一个边界很大的屏障时，其能量一部分被屏障反射，一部分被材料吸收，还有一部分会透过屏障传到另一侧。设入射到屏障的总声能为 W，反射声能为 W_r，被材料吸收的声能为 W_a，透过的声能为 W_t，则它们的关系为

$$W = W_r + W_a + W_t \tag{3.11}$$

吸声是将吸声材料附在屏障上，当声波入射到其表面时，依靠材料的吸声作用减少声反射，从而降低噪声；隔声是用隔声结构将噪声隔挡，减弱噪声的传递，使吵闹的噪声环境与安静的环境隔开。隔声能力可用透声系数 τ 表示，定义如下式所示：

$$\tau = \frac{W_t}{W} \tag{3.12}$$

τ 值越小，表示透过材料的声能越小，说明材料的隔声能力越好。一般情况下，材料的 τ 值都很小。

隔声与吸声的主要区别包括以下几个方面：

1）降噪机理不同。隔声是利用隔声结构的隔挡作用减弱声透射，吸声是利用吸声材料的吸声作用减弱声反射。

2）降噪措施的关注点不同。吸声关注的是屏障反射回来的声能大小，反射声越小，则吸声效果越好；隔声关注的是透过屏障的声能大小，透过声越小，则隔声效果越好。

3）两者所用的材料不同。吸声多用轻而疏松的材料，隔声多用重而密实的材料。

3.7.3 消声

消声是指通过消除声音来源或者阻止声音传播的方式来减少噪声的方法，最主要的应用就是消声器。

消声器是一种阻止声音传播而允许气流通过的机构，是降低空气动力性噪声的常用装置。评价消声器性能的指标是消声量，主要有两种表达形式——插入损失和传递损失。

插入损失定义为系统中接入消声器前后，在系统外某点测得的声压级的差值；传递损失是消声器入口处和出口处声功率级的差值，其与反映构件隔声性能的透射损失的意义相同（消声器也可以看作一个隔声构件）。

消声器的形式有很多，包括阻性消声器、抗性消声器、阻抗复合型消声器等。

1) 阻性消声器也称吸收消声器，是利用吸声材料的吸声作用，使沿通道传播的噪声不断被吸收而衰减的装置。把吸声材料固定在气流通过的管道壁面，或按一定方式在通道中排列起来就构成了阻性消声器。其消声原理是：当声波进入消声器后，便引起其中多孔材料中的空气和纤维振动，由于摩擦阻力和黏滞阻力，使一部分声能转化为热能耗散掉，起到消声作用。

阻性消声器对中高频范围内的噪声具有较好的消声效果。

2) 抗性消声器也称反应消声器，是由声抗性元件组成的消声器。声抗性元件是对声压的变化、声振速度变化起反抗作用的元件，它们不消耗声能，但可储存和反射声能。抗性消声器的特点是：不使用吸声材料，而是在管道上连接截面突变的管段或旁接共振腔，利用声阻抗失配，使某些频率的声波在声阻抗突变的截面处发生反射、干涉等现象，从而达到消声的目的。

抗性消声器对低中频范围的噪声具有较好的消声效果。

3) 阻抗复合型消声器是将阻性消声部分与抗性消声部分串联组合而成的消声器，一般抗性在前、阻性在后，即先消低频声，再消高频声，总消声量可认为是两者之和，但并不是简单的叠加关系。

阻抗复合型消声器兼有阻性和抗性消声器的特点，可以在低、中、高的宽广频率范围获得较好的消声效果。

3.8 白噪声与粉红噪声

不用觉得奇怪，噪声也有颜色，但这些颜色是由光波的谱线图（光谱图）类比而来的。本节将对常见的白噪声和粉红噪声等相关内容进行介绍。

3.8.1 白噪声

白噪声是指用固定频带宽度测量时，频谱连续且均匀的噪声，是一种功率谱密度为常数的随机信号或随机过程，其瞬时值是随机变化的。

通常情况下，白噪声是一种无规噪声，噪声幅值对时间的分布满足正态分布。由于白光是由各种频率（颜色）的单色光混合而成，因而白噪声信号的这种具有平坦功率谱的性质也被称作是"白色的"，这是其名称的由来。

白噪声的功率谱密度与频率无关，一段声音中的频率分量对应的功率在整个可听范围（20Hz～20kHz）内都是均匀的。

典型的白噪声频谱如图 3-3 所示。

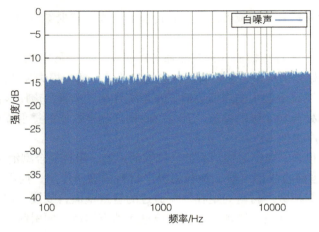

图 3-3 白噪声频谱

由于人耳对高频敏感，所以白噪声听上去是很吵的"沙沙声"。

3.8.2 粉红噪声

粉红噪声是一个具有功率谱密度与频率成反比的频谱信号或过程。

粉红噪声是自然界最常见的噪声，简单说来，粉红噪声的频率分量功率主要分布在中低频段，其频谱如图 3-4 所示。在粉红噪声中，每个倍频程都带着一个相等数额的噪声功率。从波形角度看，粉红噪声是分形的，在一定的范围内音频数据具有相同或类似的能量。从功率（能量）的角度来看，粉红噪声的能量从低频向高频不断衰减，曲线为 $1/f$，通常为每倍频程之间会下降 3dB。

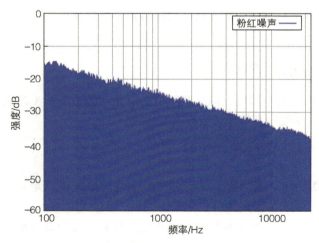

图 3-4 粉红噪声频谱

粉红噪声是最常用于进行声学测试的声音。利用粉红噪声可以模拟出比如瀑布或者下雨的声音。

3.8.3 二者的区别

白噪声和粉红噪声的区别主要包括以下几个方面：

1）对于固定频带宽度的频谱而言，白噪声的能量分布是均匀的，粉红噪声则按每个倍频程下降 3dB 分布，如图 3-3 和图 3-4 所示。

2）在等比频带宽度频谱中，白噪声的能量以每个倍频程增加 3dB 分布，而粉红噪声是均匀分布的。

3）如果在白噪声中加入一个每倍频程衰减 3dB 的衰减滤波器，则可将白噪声转换为粉红噪声。

4）特定情况下，白噪声频谱可以抵消外界噪声，原理为白噪声制造出了一个"遮蔽效应"，相当于屏蔽了很多细小的外界声音变化。所以，如果外界某个噪声过高，可人为地增加白噪声去除干扰。粉红噪声则没有这个功能。

3.9 振动基础

振动是物体沿直线或曲线并经过平衡位置所做的往复周期运动。本节主要对振动基本分类及减振措施进行介绍。

3.9.1 振动分类

按对系统施加的作用力形式，可将振动分为自由振动和强迫振动；按振动系统中是否存在阻尼作用，可将其分为无阻尼振动和阻尼振动。

自由振动是一种假定仅在振动初始时刻有外力作用的振动，且当系统无阻尼时，其振幅和能量都不随时间的推移而变化；强迫振动是系统在外部交变力持续作用下的振动，这个外部交变力称为驱动力。

实际中的振动系统中都会存在阻尼，振动物体最初获得的能量，在振动过程中会不断耗散，振幅也会越来越小，直至停止。这种由于克服摩擦或其他阻力而使能量和振幅逐渐减少的振动称为阻尼振动。

3.9.2 减振措施

解决振动问题通常从两方面入手：一是防止振动能量在振源和辐射能量的表面之间的传递，二是分散或减弱机器结构中某处的能量。前者称为隔振，后者称为减振。

隔振是将振源与基础或其他物体的刚性连接改为弹性连接，以隔绝或减弱振动能量的传递，实现减振降噪的目的。传振系数是表征隔振效果的物理量，其值越小，说明通过隔振元件传递过去的力越小，即隔振效果越好。

由金属薄板振动辐射出的噪声称为结构噪声，在对其进行噪声控制时，一是在设计上尽量减少其噪声辐射面积，去掉不必要的金属板面，二是在金属结构上涂上阻尼材料，利用阻尼材料抑制结构振动、减少噪声，这种方法称为阻尼减振。

阻尼是指阻碍物体做相对运动，并把运动能量转变为热能的一种作用。一般金属材料的固有阻尼都很小，常通过外加阻尼材料的方法来增大阻尼。阻尼在抑制振动过程中的作用主要有两个：衰减沿结构传递的振动能量、减弱共振频率附近的振动。

3.9.3 动力吸振器

对于机械设备被某一固定干扰频率激发的振动,可通过在设备上附加一个振动系统的方法,使干扰频率激发的振动得以降低,这个振动系统称为动力吸振器[3]。

动力吸振器如图 3-5 所示,m_1 为振动主系统,忽略其阻尼作用;m_2 为附加的弹簧-质量系统,即动力吸振器。原来的单自由度振动系统就变为两自由度振动系统。这样,就可以通过调节动力吸振器的参数大小,达到抑制主系统振动的目的。也就是说,当吸振器的固有频率等于外部激励频率时,则主系统就不再振动,这种现象称为反共振。

当忽略动力吸振器的阻尼作用时,主系统振幅和动力吸振器振幅随频率的关系曲线如图 3-6 所示。

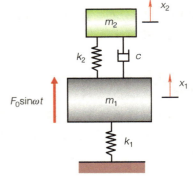

图 3-5 动力吸振器简图

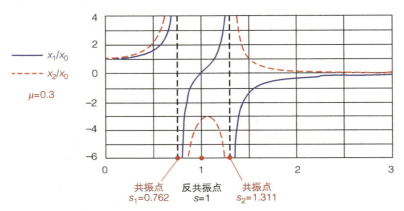

图 3-6 振幅与频率的关系曲线

其中,x_1 为主系统振幅;x_2 为动力吸振器振幅;x_0 为主系统静变形,即 F_0/k_1;$\mu = k_2/k_1 = m_2/m_1$;s 为频率比,定义如下:

$$s = \frac{\omega}{\omega_0}, \quad s_1 = \frac{\omega_1}{\omega_0}, \quad s_2 = \frac{\omega_2}{\omega_0} \tag{3.13}$$

$$且 \omega_0 = \sqrt{\frac{k_1}{m_1}} = \sqrt{\frac{k_2}{m_2}}$$

式中,ω 为外部激励频率。

由图 3-6 可知:

1)在 $s = 1$ 时,其与蓝色曲线的交点对应的纵坐标值为 0。说明此时由于动力吸振器的作用,使得主系统振幅为 0。

2)若机械的运行速度在主系统固有频率附近,则机械在起动和停止时必然经过 s_1 的共振点,使得振幅变大。

3)动力吸振器是根据一个特定的激励频率设计的,只有当固有频率等于外部激励频率时主系统振幅才为 0。如果在其他频率下运行，或者机械上的力包含了几个不同的频率成分，则振幅可能会很大。

4）为了允许激励频率 ω 在 $s = 1$ 附近有一定的变化范围，s_1 和 s_2 应当相距远一些。此时可以使 μ 变大，也就是 k_2 和 m_2 变大，但会使动力吸振器变得笨拙。因此，通常会采用阻尼动力吸振器。

3.10 幅频特性和相频特性

稳态响应里面有两个主要的特性——幅频特性和相频特性。前者与振幅放大因子相对应，是输出信号幅值与输入信号幅值之比；后者和相位差相对应，是输出信号的相位角与输入信号的相角之差。本节主要对这两个特性进行介绍。

3.10.1 幅频特性

一个受简谐激励的单质量振动系统如图 3-7 所示。此时，系统的响应也称为简谐响应。

经过推导可得 m 的振幅 A 如下所示：

$$A = \frac{\beta(s)F_0}{k} \quad (3.14)$$

式中，F_0 为激振力；k 为弹簧刚度；$\beta(s)$ 为幅频响应函数，表达式如下：

$$\beta(s) = \frac{1}{\sqrt{(1-s^2)^2 + (2\xi s)^2}} \quad (3.15)$$

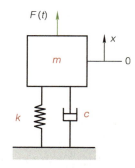

图 3-7 受简谐激励的单质量振动系统

式中，s 为频率比，$s = \omega/\omega_0$；ξ 为相对阻尼系数。

线性系统对简谐激励的稳态响应是频率等同于激励频率，而相位滞后于激振力的简谐振动。稳态响应的振幅和相位只取决于系统本身的物理性质（质量、刚度、阻尼）和激振力的频率及幅值，与系统进入运动的方式（即初始条件）无关。

以 s 为横坐标，$\beta(s)$ 为纵坐标，做出不同相对阻尼系数 ξ 下的幅频响应特性曲线如图 3-8 所示。

下面分几种不同的情况对简谐激励作用下的稳态响应特性进行分析。

1）$s \ll 1$，即激励频率 ω 远小于系统固有频率 ω_0。由式（3.15）可得幅频响应函数 $\beta(s) \approx 1$，对应图 3-8 中的左侧部分（s 在 0 ~ 0.5 的范围），此时系统响应的振幅 A 与静位移 B 相当。

2）$s \gg 1$，即激励频率 ω 远大于系统固有频率 ω_0。则幅频响应函数 $\beta(s) \approx 0$，对应图 3-8 中的右侧部分（s 约在 2 以后的范围），此时系统的响应振幅很小，也就是基本不振。

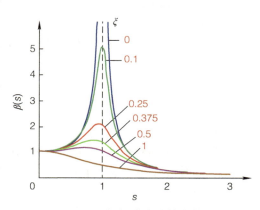

图 3-8 幅频响应特性曲线

上述两种情况下，不同 ξ 值的曲线密集存在，说明阻尼对这两种情况下的响应影响不显著，可以认为是无阻尼系统。

3） $s \approx 1$，即激励频率 ω 约等于系统固有频率 ω_0。由图 3-8 可知，当 ξ 值逐渐变小时，响应函数 $\beta(s)$ 会迅速增大。

$\xi = 0$ 时，$\beta(s)$ 趋于无穷大，此时系统即发生共振。但共振对于来自阻尼的影响很敏感，如图 3-6 所示的不同阻尼的曲线，在 $s=1$ 附近的区域内，稍微增加阻尼后就会使振幅有明显下降。

4）对于有阻尼系统，$\beta(s)$ 的最大值并不出现在 $s=1$ 处，而是稍微偏左的位置。将 $\beta(s)$ 对 s 求导，可得其最大值 $\beta_{\max}(s)$ 为

$$\beta_{\max}(s) = \frac{1}{2\xi\sqrt{1-\xi^2}} \tag{3.16}$$

5） $\xi > 1/\sqrt{2}$，由图 3-8 可知，此时 $\beta(s) < 1$，此时系统振幅是没有极值的。

3.10.2 相频特性

先介绍一下品质因子的内容。定义 $s=1$ 时的幅频响应函数 $\beta(s)$ 为品质因子 Q，则

$$Q = \beta_{s=1} = \frac{1}{2\xi} \tag{3.17}$$

对于确定的阻尼系数，可得 $\beta(s) - s$ 的曲线及品质因子的相关特征点如图 3-9 所示。

其中，$s_1 = \omega_1/\omega_0$，$s_2 = \omega_2/\omega_0$，是共振峰两侧 $\beta = Q/\sqrt{2}$ 与曲线的两个交点。令 $\Delta\omega = \omega_2 - \omega_1$，称为半功率带宽，经过推导可得品质因子 Q 与半功率带宽 $\Delta\omega$ 的关系为

$$Q \approx \frac{\omega_0}{\Delta\omega} \tag{3.18}$$

由上式可知，阻尼越弱，品质因子 Q 越大，带宽越窄，则共振峰越陡峭。

接下来进行相频特性的介绍，仍以图 3-7 所示的单质量振动系统为例进行分析。经推导可得系统的相位响应函数 $\theta(s)$ 为

$$\theta(s) = \arctan\frac{2\xi s}{1-s^2} \tag{3.19}$$

以 s 为横坐标，$\theta(s)$ 为纵坐标，可以做出不同阻尼系数 ξ 下的相频特性曲线，如图 3-10 所示。

下面同样分几种不同的情况对其进行分析。

1） $s \ll 1$，即激励频率 ω 远小于系统固有频率 ω_0。由式（3.19）可得 $\theta(s) \approx 0$，对应图 3-10 中左下角的部分。由于输入是简谐运动，且系统中本应有阻尼存在

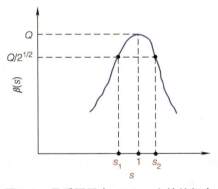

图 3-9 品质因子在 $\beta(s)-s$ 上的特征点

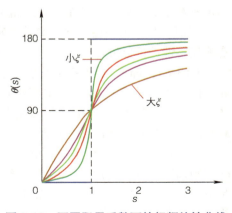

图 3-10 不同阻尼系数下的相频特性曲线

产生的相位差，而 $\theta \approx 0$ 则意味着位移与激振力在相位上几乎相同。

2）$s \gg 1$，即激励频率 ω 远大于系统固有频率 ω_0。则 $\theta \approx \pi$，说明此时位移与激振力是反相的，即当激振力往左时，则位移正好往右。从物理意义上解释即为，由于频率太快，位移跟不上激振力。

3）$s \approx 1$，即激励频率 ω 约等于系统固有频率 ω_0，发生共振。由图 3-10 可知，此时位移与激振力的相位差恒为 π/2，与阻尼无关。

3.11 机械阻抗与导纳

工程中常用机械阻抗和导纳来分析结构的动力特性，本节主要对二者的相关内容进行介绍。

3.11.1 阻抗与导纳的定义

机械阻抗定义为简谐激励时复数形式的输入与输出之比。设振动系统的质量为 m，阻尼为 c，刚度为 k，受到简谐激励 F_0 的作用。经动力学推导后，可得输出与输入的比值为 $H(\omega)$，称为复频响应函数，其表达式如下：

$$H(\omega) = \frac{1}{k - m\omega^2 + ic\omega} \tag{3.20}$$

根据定义，可得位移阻抗为

$$Z_x(\omega) = \frac{1}{H(\omega)} = k - m\omega^2 + ic\omega \tag{3.21}$$

位移阻抗与复频响应函数互为倒数，$H(\omega)$ 也称为导纳。

同样，输出为速度或加速度时，相应的机械阻抗就称为速度阻抗 $Z_v(\omega)$ 和加速度阻抗 $Z_a(\omega)$，表达式分别为

$$Z_v(\omega) = \frac{Z_x(\omega)}{i\omega} \tag{3.22}$$

$$Z_a(\omega) = \frac{-Z_x(\omega)}{\omega^2} \tag{3.23}$$

因此，与各阻抗相对应的导纳分别为位移导纳、速度导纳和加速度导纳。机械阻抗和机械导纳都仅取决于系统本身的动力特性（质量、刚度、阻尼），且都为复数。通过使用机械阻抗分析仪，根据系统的机械阻抗可以确定和分析系统的固有频率、相对阻尼系数等参数。

3.11.2 奈奎斯特图

复频响应函数 $H(\omega)$ 经过变换后可求得其模和幅角，因此，$H(\omega)$ 同时反映了系统响应的幅频特性和相频特性。

此外，由于 $H(\omega)$ 是复数，可得到其实部 Re(H) 和虚部 Im(H)，分别如下所示：

$$\text{Re}(H) = \frac{1}{k} \frac{1-s^2}{\Lambda} \tag{3.24}$$

$$\mathrm{Im}(H) = \frac{-1}{k}\frac{2\xi s}{\Lambda} \quad (3.25)$$

其中，$\Lambda = (1-s^2)^2 + (2\xi s)^2$。分别做出实部和虚部对 s 的曲线如图 3-11 所示。

由图可知，当发生共振时 $s=1$，此时实部 $\mathrm{Re}(H)=0$，虚部 $\mathrm{Im}(H)$ 近似为最大值。

用频率比 s 或相对阻尼系数 ξ 作变量，将 $H(\omega)$ 画在复平面上，由此得到的曲线图称为奈奎斯特图，如图 3-12 所示。

当给定一个阻尼系数时，则给出一个 s 值就可以得到相应的实部和虚部的值。

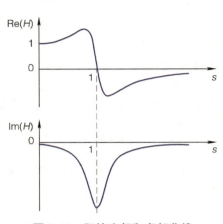

图 3-11 阻抗实部和虚部曲线

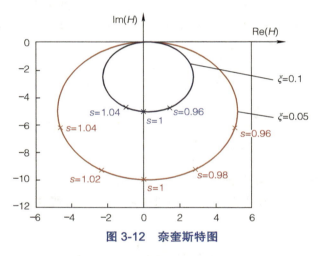

图 3-12 奈奎斯特图

黏性阻尼系数的奈奎斯特图是一个近似的圆，并且在共振点附近曲线的弧长随 s 的变化率是最大的。

3.12 系统的模态

模态是结构系统的固有振动特性。线性系统的自由振动可以被分解为多个正交的单自由度振动系统，对应系统的多个模态。本节主要对模态的相关内容进行介绍。

3.12.1 基本介绍

物体按某一阶固有频率振动时，其上各个点偏离平衡位置的位移满足一定的比例关系，可以用一个向量表示，称为模态。模态方面的主要知识点可以概括为以下几个方面：

1）模态参数主要包括固有频率、模态振型、模态质量、模态刚度和阻尼比等，每一个模态都有其特定的固有频率、阻尼比和模态振型。

2）模态的阶数就是对应的固有频率的阶数。一个物体理论上有无穷多个固有频率，按照从小到大的顺序，第一个就称为第一阶固有频率。模态阶数与振型相对应，基本周期的振型称为第一阶振型。

3）一个系统理论上有 N 个自由度则就存在 N 个模态。由于低阶模态的模态刚度相对比较弱，在同样量级的激励作用下，其响应所占的权值就会相对大一些。所以工程上比较重视低阶模态。

4）同一结构的各阶频率和振型不相同的原因是各阶运动结构上的模态参与质量和刚度不同，即参考每阶响应的并不是结构所有的质量和刚度，而是这一阶活跃的有效质量（结构中的部分质量）。

5）无阻尼固有频率 ω_0 对应的是刚度与质量比值的平方根，即

$$\omega_0 = \sqrt{\frac{k}{m}} \tag{3.26}$$

当考虑系统阻尼时，则固有频率 ω_d 按下式计算：

$$\omega_d = \omega_0 \sqrt{1-\xi^2} \tag{3.27}$$

式中，ξ 为阻尼比，$\xi = c/(2\sqrt{km})$，通常都小于 10%。

3.12.2 实模态和复模态

在有限元方法中，模态分析的本质是求矩阵的特征值问题，所以模态中的"阶数"就是特征值的个数。

对于无阻尼的情况，由特征值求解得到的模态振型值为带符号的实数值，且每阶模态振型的各个自由度之间要么同相、要么反相。

对于比例阻尼，此时阻尼与系统的质量或刚度成比例，由特征值求解得到的模态振型值也为带符号的实数值，且与无阻尼的情况相同。这样得到的模态称为"实模态"。因此，相同质量矩阵和刚度矩阵时，无阻尼和比例阻尼的模态振型完全相同。

对于非比例阻尼，此时得出的振型全为复数值，每阶模态的各个自由度之间的相对相位关系不再是完全同相或反相，这样的模态称为"复模态"。

实模态与复模态的区别在于模态矢量中的值是实数还是复数，它们的一些总结如下[4]：

1）实模态的某些特征包括以下几个方面：①模态振型存在固定不动的节点；②所有点在同一时刻达到最大和最小，且在同一时刻通过零点；③模态振型可以用有符号的实数描述；④所有的点与结构上的其他点或者完全同相或者完全反相。

2）复模态的某些特征包括以下几个方面：①模态振型看上去结构上好像有移动的节点；②所有点不在同一时刻达到最大，一些点看上去落后于其他点；③所有的点不在同一时刻通过零点；④模态振型不能用实数来描述（振型是复数的）。

3.12.3 其他

如前所述，对于传统模态分析的结果，常按频率从小到大的阶次进行排序，但对于厚度较大的齿轮等圆盘形或圆柱形部件，其模态又有不同的特征。

这时，一般用 mode(m, n) 的形式来描述模态的阶次，这两个数可能是指两个正交方向的节

点数，也可能是指两个正交方向的反节点数，也就是两个不同方向的节点（节圆或节径）数，如 m 表示节径数，n 表示节圆数。

当用 mode(m, n) 来描述空心圆柱形结构的模态时，m 表示轴向的节点数，n 表示周向节点数。但这里的 n 是周向节点数的一半，也可以认为 n 是径向的瓣数。如图 3-13 所示的周向各阶模态振型，其中红色表示振型，黑色表示未变形图。

由图 3-13 可知，n 的数字也可理解为变形后凸出未变形前的"头数"，这个数字是两条线交点数的一半。其中，0 阶模态常称为呼吸模态，其对应的模态频率常较高。

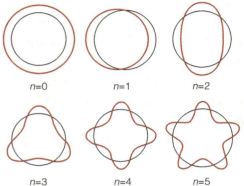

图 3-13 空心圆柱形结构的周向各阶模态振型

3.13 动刚度

刚度指结构或材料抵抗变形的能力。其中，抵抗动载荷下的变形能力称为动刚度，其在车辆 NVH 方面受关注的程度远大于静刚度，主要内容包括以下六个方面：

1）动刚度常用力与位移之比来表征，表达式如下：

$$K(j\omega) = \frac{F(j\omega)}{X(j\omega)} \qquad (3.28)$$
$$= -m\omega^2 + jc\omega + k$$

可见，动刚度是随频率变化的复值函数，与系统的质量 m、阻尼 c 和静刚度 k 有关，当频率为 0 时，即为静刚度。

2）在低频段，动刚度与静刚度基本相同，即作用在结构上的外力变化缓慢，其频率远小于结构的固有频率。此时，结构共振频率以下的频率段，其动刚度主要用刚度项（占主导地位）来描述。

3）在高频段，当外力的频率远大于结构固有频率时，系统变形很小，即结构的动刚度相对较大，抵抗变形的能力强。此时，质量在高频振动中产生很大的惯性力，在结构共振频率以上的频率段，其动刚度主要用质量项（占主导地位）来描述。

4）在共振频率处，动刚度幅值一般会明显减小，此时主要受阻尼的控制，动刚度最小（产生共振，变形最大）。

5）原点动刚度指在同一位置、同一方向上的激励力与位移之比。它考虑的是在所关注的频率范围内该点的局部区域的刚度水平。动刚度不足会对整车乘坐舒适性和结构件的疲劳寿命产生不利影响。

6）悬置动刚度：在做悬置隔振器设计时，一般要求在低频时刚度大（避免起动时产生大位移后碰撞）、高频时刚度越小越好（阻尼也越小越好）。对于悬置两侧的支架刚度，一般要比隔振器的刚度大到一定程度。通常遵循两个原则：支架的刚度应是隔振器刚度的 6~10 倍、支架的最低频率在 500Hz 以上。

除此之外，在进行车辆的动刚度计算时需要注意以下几点：①悬置动刚度计算：以变速器为例，计算其悬置动刚度时，需包含箱内尽可能多的部件模型，以保证计算结果的准确性。此外,计算时通常是在壳体上和悬置支架的连接凸台处建立相关连接,计算其中心点的原点动刚度;②轴承座动刚度计算:同样以变速器为例,计算壳体内的轴承座动刚度时,也需包含箱内尽可能多的部件模型。但有时为了快速计算,常将箱内的旋转部件去掉,只保留非旋转部分的模型。计算时,常在轴承外圈的内表面建立相关的连接单元,计算其中心点的原点动刚度;③计算的方向数目:对于变速器上相关动刚度等的计算,通常 XYZ 三个方向都要进行,尤其是有斜齿轮的情况,需要关注多个方向的计算结果进行综合评价。

3.14 阻尼

阻尼是描述振动系统在振动时能量损耗的总称,是表征结构动态响应衰减快慢的参数。本节主要对阻尼的基本内容及测量方法进行简单介绍。

3.14.1 基本介绍

常见的阻尼类型有四种:黏性阻尼、结构阻尼、比例阻尼和模态阻尼。

黏性阻尼正比于运动的速度,如在流体中低速运动或沿润滑表面滑动的物体,常会认为是受到了黏性阻尼的作用。

结构阻尼是材料内部的摩擦引起的迟滞阻尼,和位移相关。

比例阻尼是黏性阻尼的特殊情况,瑞利阻尼又是比例阻尼的一种特殊情况。

模态阻尼本质上是黏性阻尼,它通过定义"模态阻尼比"来体现黏性阻尼的作用,避免了直接构建阻尼矩阵。

在振动领域一般考虑黏性阻尼,以及它的特殊情况——比例阻尼和瑞利阻尼。

对于黏性阻尼,阻尼力 F_c 与速度 v 成正比:

$$F_c = cv \tag{3.29}$$

由上式也可得出 $c = F/v = ma/v$,经换算后可知其单位为 kg/s。

在单自由度动力学分析中,为了量化黏性阻尼,通常会用到阻尼比 ξ 的概念,也称相对阻尼系数,如下式所示:

$$\xi = \frac{c}{c_c} = \frac{c}{2\sqrt{km}} \tag{3.30}$$

式中,c 为阻尼系数;c_c 为临界阻尼系数。由式(3.30)可知,这是一个无量纲参数,通常用百分数表示。

对于有阻尼单自由度系统的振动,根据相对阻尼系数 ξ 的大小可分为三种情况:欠阻尼、过阻尼和临界阻尼:①欠阻尼,$\xi < 1$,即系统阻尼小于临界阻尼,此时振动响应的幅值会随着时间逐渐衰减;②过阻尼,$\xi > 1$,即系统阻尼大于临界阻尼,此时系统响应是一种按指数衰减的非周期蠕动,振动消失;③临界阻尼,$\xi = 1$,此系统也是按指数规律衰减,但比过阻尼更快。

三种情况的响应曲线如图3-14所示。

黏性阻尼的缺点是每周期的能量损失依赖于激

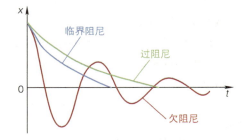

图3-14 欠阻尼、过阻尼和临界阻尼

励频率，对于振动系统内部的材料内摩擦阻尼，其取决于振幅而非频率，所以此时采用结构阻尼更为合适。

瑞利阻尼是比例阻尼的一种特例，其阻尼矩阵正比于质量矩阵和刚度矩阵，即

$$c = \alpha m + \beta k \tag{3.31}$$

由于材料或结构的实际阻尼机理与质量或刚度有关，对于摩擦而言，阻尼正比于质量；对于内部材料阻尼而言，阻尼正比于刚度。因此，当按瑞利阻尼进行动力学计算时，只需输入 α 和 β 两个系数即可。

结构阻尼假定应力应变间存在着相位差（90°），使得振动的一个周期内产生了能量损耗。结构阻尼表现为以一定频率循环加载时，加载和卸载的路径不同，即存在迟滞性。结构阻尼力如下式所示：

$$F_c = igku \tag{3.32}$$

其中，$i = \sqrt{-1}$；g 为结构阻尼系数；k 为系统刚度；u 为位移。

结构阻尼模型以复数形式存在，所以不能直接用于瞬态计算。当必须在时域进行瞬态分析时，需将结构阻尼转换为等效黏性阻尼。

模态阻尼是在仿真计算时，每阶模态都对应一个给定的阻尼，一般使用半功率带宽法测量得到。

不同阻尼模型的曲线对比如图 3-15 所示。

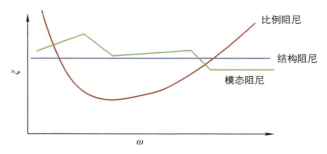

图 3-15 不同阻尼模型的曲线对比

由图可见，比例阻尼是凹形的，随频率先降低后升高；结构阻尼是一条直线，与频率无关；模态阻尼呈折线形式。

3.14.2 阻尼的测量

系统阻尼无法用有限元计算得到，只能通过实验测量得到，其测量方法主要有两种：半功率带宽法和对数衰减法。

（1）半功率带宽法进行阻尼测量的过程

1）根据确定的一条幅频响应曲线（可通过实验得到），可以得到其峰值响应量 A 及其对应的频率 f_0。

2）在纵坐标响应量为 $A/\sqrt{2}$ 处作横线，其与响应曲线的两个交点对应的横坐标为 f_1 和 f_2，分别位于 f_0 的两侧。

3）由此可得阻尼比 $\xi = (f_2 - f_1)/2f_0$。

除了阻尼比之外，实际中还常用品质因子 Q 和损耗因子 η 来表示阻尼的大小，其中，Q 反映了系统阻尼的强弱和共振峰的陡峭程度，一般希望其值小一些；η 常在有限元计算中用来表示结构阻尼的大小。

损耗因子 η 是用小数表示的阻尼比的两倍，即

$$\eta = 2\xi \tag{3.33}$$

若 $\xi = 0.01$，则 $\eta = 0.02$。

而品质因子 Q 为损耗因子的倒数，即

$$Q = \frac{1}{\eta} = \frac{1}{2}\xi \tag{3.34}$$

（2）对数衰减法测量的过程

对数衰减法是使用单自由度系统时域响应的幅值，在一个或几个周期内的衰减来确定阻尼。当阻尼比 ξ 小于 0.3 且衰减率 δ 远小于 $40 \approx (2\pi)^2$ 时，二者的关系如下：

$$\xi = \frac{\delta}{2\pi} \tag{3.35}$$

对数衰减法是假设时域响应中只有一阶模态，这在现实中很少见。所以，这种方法在实际应用时需谨慎。

3.15 传递函数与频响函数

传递函数表示的是输出与输入之比，由拉普拉斯变换得到；频响函数是传递函数的一个特例，表示的是响应与激励之比，由傅里叶变换得到。因此，这里先对傅里叶变换和拉普拉斯变换的相关内容进行简单介绍。

3.15.1 傅氏变换和拉氏变换

傅里叶级数可将周期函数分解为有限个正弦函数的叠加，傅里叶变换则将傅里叶级数的正弦分解推广到非周期情况，本质是为函数寻找其频域的组成部分。

傅里叶变换的公式如下：

$$F(\omega) = \int_{-\infty}^{\infty} f(t) e^{-j\omega t} dt \tag{3.36}$$

由于有些函数不能进行傅里叶变换，即不收敛。因此，引入了衰减因子 $e^{-\sigma t}$，然后再进行积分，过程如下所示：

$$F(\omega) = \int_{-\infty}^{\infty} \left[f(t) e^{-\sigma t} \right] e^{-j\omega t} dt \tag{3.37}$$

即 $F(\omega) = \int_{-\infty}^{\infty} f(t) e^{-\sigma t - j\omega t} dt$

上式用拉普拉斯形式表示即为

$$L(s) = \int_{-\infty}^{\infty} f(t) e^{-st} dt \tag{3.38}$$

其中，$s=\sigma+\mathrm{j}\omega$。可见，拉普拉斯变换是傅里叶变换延伸，而傅里叶变换是拉普拉斯变换的一个特例，这就是二者在数学上的联系。需要说明的是，当σ为正值时，$e^{-\sigma t}$为衰减因子；当σ为负值时，$e^{-\sigma t}$为增幅因子。

当以图形表示时，傅里叶变换如图 3-16 所示（仅用作示意）。其中，经傅里叶变换后得到的蓝色曲线关于纵轴是对称的。

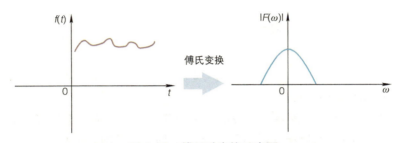

图 3-16 傅里叶变换示意图

由于拉普拉斯变换中的 s 是复数，所以拉氏变换的图形不是平面的，而是三维立体的，如图 3-17 所示（仅用作示意）。

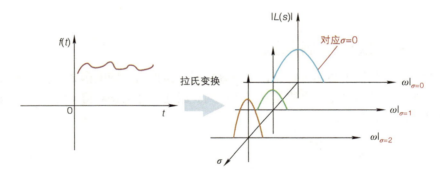

图 3-17 拉普拉斯变换示意图

由图可见，σ 不同，得到的 $L(s)$ 就不同，但给定一个 σ 值，就会对应一个切片似的坐标系。因此，从图形上能更清晰地理解拉氏变换与傅氏变换的关系。

3.15.2 传递函数和频响函数介绍

传递函数定义为线性时不变系统在零状态时，响应的拉氏变换与激励的拉氏变换之比，零状态即激励之前结构处于的静止状态。表达式如下：

$$H(s)=\frac{R(s)}{E(s)} \tag{3.39}$$

频响函数则是由传递函数推导得来，也就是对于稳定的线性定常系统，$\sigma=0$，则 $s=\mathrm{j}\omega$，即得到频响函数，表达式如下：

$$H(\mathrm{j}\omega)=\frac{R(\mathrm{j}\omega)}{E(\mathrm{j}\omega)} \tag{3.40}$$

通俗地讲，由于一些增长信号或不稳定系统不满足傅里叶变换的收敛条件，使得傅氏变换的应用受到了限制。为此，拉普拉斯变换引入了衰减因子，使其强制收敛，从而扩大了变换的使用范围。其中，$s=\sigma+j\omega$ 中的 σ 可以理解为起到了阻尼的作用使系统稳定（但 σ 并不是实际中的物理阻尼）。

为了更清楚地认识传递函数和频响函数，将传递函数的经典三维视图显示如图3-18所示[5]。

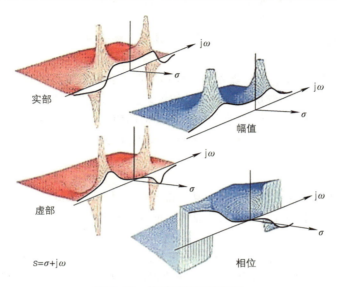

图 3-18　传递函数三维视图

由图可知，左侧红色图中的极点峰值是无限大的。当用 $j\omega$ 轴和纵轴组成的平面去切开传递函数曲面时，可以得到一条黑色实线，此实线即为频响函数。也就是说，频响函数是传递函数沿虚轴 $j\omega$ 切出来的曲线，所以其取值只是虚部，表示的物理量只是频率。

在振动噪声领域，频响函数的应用更多，尤其是模态分析方面，频响函数被称为是输入输出之间的传递函数，但其表示的是线性时不变系统的输入和输出之间的频域关系。

频响函数是结构的输出响应与输入激励力之间的比值，利用频响函数可以识别得到结构的谐振频率、阻尼和振型。即共振峰值是被测结构的固有频率；阻尼与峰的宽度成正比，峰值越宽，阻尼越大；通过结构上的公共参考上采集的多个频响函数的幅值和相位，即可确定振型。

现在很多时候都不区分传递函数和频响函数，但通常实验测量的都是频响函数，只是习惯上称之为传递函数而已。

3.16　汽车噪声简介

常规动力汽车的噪声可概括为三部分：发动机噪声、底盘噪声和车身噪声。本节主要对这些汽车噪声进行简单介绍[6]。

3.16.1　发动机噪声

发动机噪声是汽车的主要噪声源，按其噪声产生的性质，可分为燃烧噪声、机械噪声和空气动力噪声。

1. 燃烧噪声

燃烧噪声是由气缸内周期变化的气体压力的作用而产生的噪声。它主要取决于燃烧的方式和燃烧的速度。主要内容包括以下几个方面：

1）在汽油机中，如果发生爆燃和表面点火等不正常燃烧时，将产生较大的燃烧噪声。柴油机的燃烧噪声是由于燃烧室内气压急剧上升，致使发动机各部件振动而引起的噪声。一般来说，柴油机噪声比汽油机的噪声高得多。

2）燃烧过程激发噪声主要集中在速燃期，其次是缓燃期。在速燃期内，平均压力增长率是燃烧噪声的主要衡量指标。

3）由噪声频谱对比可知，增压柴油机的噪声要低于非增压柴油机的噪声。

4）燃烧噪声与发动机的燃烧过程有直接的关系。然而燃烧过程的控制是一个复杂的问题，其与燃料的性质、压缩比、供油系统参数（如供油提前角、喷油孔直径和孔数及喷油压力）、发动机的结构形式（风冷、水冷）、燃烧室的形状、发动机的进气状态等各种因素均相关。

2. 机械噪声

机械噪声是发动机运转过程中，各运动零部件受气体压力和运动惯性力的周期变化所引起的振动或相互冲击而产生的噪声。主要有活塞-曲柄连杆机构噪声、配气机构噪声和不平衡惯性力引起的机体惯动及噪声。

1）活塞-曲柄连杆机构噪声：为了维持正常运动，该机构的各零件之间都留有一定的间隙。在周期性变化的力作用下，必然会由于振动和相互冲击而产生噪声，其中又以活塞撞击气缸的敲击噪声最大。发动机运转时，活塞在上、下止点附近受侧向力作用产生一个由一侧向另一侧的横向移动，从而形成活塞对缸壁的强烈敲击，产生了活塞敲击噪声。此外，活塞对缸壁的敲击还会引起缸壁的高频自振和缸套穴蚀。

2）配气机构噪声：四冲程发动机采用气门-凸轮配气机构，零件多、刚度差。凸轮和挺柱间的摩擦振动，气门的不规则运动、开启和关闭，摇臂撞击气门尾部以及气门落座时的冲击等均会发出噪声。

3）不平衡惯性力引起的机体惯动及噪声：活塞-曲柄连杆机构在运转过程中将产生往复运动惯性力和离心惯性力，前者又是一阶、二阶和更高阶惯性力的总和。离心惯性力虽然大小不变，但自身的方向随曲轴位置而定，发动机运转过程中这些周期性变化的力将通过曲轴主轴颈传给机体，也会引起振动噪声。

3. 空气动力噪声

由于气体扰动以及气体和其他物体相互作用而产生的噪声称为空气动力噪声，在发动机中，它包括进气噪声、排气噪声和风扇噪声。

（1）**进气噪声** 发动机工作时，高速气流经空气滤清器、进气管、气门进入气缸、在此气流流动过程中会产生一种强烈的空气动力噪声，成为仅次于排气噪声的主要噪声源。该噪声随着发动机转速的提高而增强，与负荷的变化无关，其成分主要包括周期性压力脉动噪声、涡流噪声、气缸的玄姆霍兹共振噪声和进气管的气柱共振噪声。

1）周期性压力脉动噪声：新鲜空气进入进气管后，在气门的开闭过程中，发生周期性压力脉动，产生压力脉动噪声。主要频率成分为

$$f = \frac{ni}{60t}(\text{Hz}) \tag{3.41}$$

式中，n 为发动机转速（r/min）、i 为气缸数、t 为冲程系数（四冲程为 2，二冲程为 1）。该噪声常为低频噪声，峰值一般出现在 300Hz 以下。

2）涡流噪声：高速气流进入气缸时，由于在气流通道内有气门、气门导管、进气管内的毛刺等障碍物，气流受阻而形成涡流，产生涡流噪声。

3）气缸的亥姆霍兹共振噪声：可将气缸看成是一个亥姆霍兹共振腔，其一端封闭。其共振来源于气缸内气体压力波的激发，共振频率的大小与发动机转速无关，只取决于气缸容积、进气管长度和直径。当气缸内的气体压力脉动的击发频率等于计算出的发动机的各阶亥姆霍兹共振频率时，气缸内将发生亥姆霍兹共振，此时的辐射声能最大。

4）进气管的气柱共振噪声：进气门关闭时，进气管变成了一端封闭一端开口的等截面管，构成了一个气柱共振系统。在管道内的气体介质，由于具有连续分布的质量和可压缩性，而易发生气柱的振动。当声源的激振频率与气柱的某阶固有频率接近时，气柱便发生对应该频率的共振，从而辐射出噪声。

（2）**排气噪声** 排气噪声是发动机中能量最大的噪声，其主要成因是在排气开始时，废气以脉冲形式从排气门缝隙排出，并迅速从排气口冲入大气，形成能量很高、频率很复杂的噪声，其基频是发动机的发火频率。整个排气噪声频谱呈现基频及其高次谐波的延伸，能力主要集中在基频及其倍频的频率范围内。

除基频噪声及其高次谐波噪声外，排气噪声还包括排气总管和排气歧管中存在的气柱共振噪声、气门杆背部的涡流噪声、排气系统管道内壁面的紊流噪声、废气喷射和冲击噪声。

（3）**风扇噪声** 在风冷发动机中，风扇噪声是重要的噪声源，但其一般小于进排气噪声。风扇噪声主要是空气动力噪声，由旋转噪声和涡流噪声所组成。旋转噪声是由于旋转叶片周期性扰动空气、引起空气压力脉动发出的噪声，基频为

$$f = \frac{nz}{60}(\text{Hz}) \tag{3.42}$$

式中，n 为发动机转速、z 为风扇叶片数。

涡流噪声是由于风扇旋转时使周围的空气产生涡流，这些涡流由于黏滞力的作用又分裂成一系列小涡流。分裂时使得空气发生扰动，形成压力波动，发出噪声。涡流噪声一般是宽频带噪声。主要峰值频率为

$$f = \frac{KV}{d} \tag{3.43}$$

式中，K 为常数，一般取 0.15～0.22 之间；V 为风扇圆周线速度（m/s）；d 为叶片在气流入射方向上的厚度（m）。

当该涡流引起的振动频率与叶片的固有频率接近时会产生共振，增加噪声。

影响风扇噪声的主要因素包括风扇的转速（风扇的转速越高、直径越大，风扇的扇风量就越大，其噪声也越高）、风扇的效率（风扇的效率越低，消耗功率越大，风扇噪声越大）、风扇叶片形状（直接影响叶片附近的涡流强度，从而影响风扇效率）等。

3.16.2 底盘噪声

底盘噪声主要包括轮胎噪声、制动噪声和传动系噪声等。

1. 轮胎噪声

轮胎噪声由轮胎滚动形成,一般包括空气噪声(由轮胎花纹元件间的空气流动和轮胎四周空气扰动构成)、轮胎振动噪声(由胎体和花纹元件振动引起)和路面噪声(路面不平引起)。

不同性质的轮胎噪声产生机理不同,但多数情况下,这些机理是同时存在的,只是形成噪声能量的大小和对轮胎总噪声的贡献主次不同。主要的机理有以下 6 种:

(1)**空气泵吸效应** 轮胎滚动时,接地面处的花纹与路面形成小空腔。当轮胎接触地面时,小空腔中的气体受压并突然喷向大地;当轮胎滚离地面时,受压缩的花纹元件舒展并使空腔容积增大,形成一定的真空度,大气中的空气被吸入。这两个过程称为轮胎的空气泵吸效应。

在轮胎的滚动过程中,空气泵吸效应周期性发生,使空气形成疏密波,从而使轮胎辐射噪声。由于空气流动速度很高,此辐射声能也较大,一般认为该效应是形成轮胎噪声的重要因素之一。

此效应产生的噪声基频与汽车行驶速度、轮胎圆周上的沟槽数成正比,与轮胎有效半径成反比。

(2)**弹性振动噪声** 弹性振动和空气泵吸作用都是引起轮胎噪声的重要来源。轮胎弹性振动可分为花纹振动和胎体振动两个方面。

花纹振动指轮胎在路面滚动时,花纹与路面接触和分离的过程中,花纹元件产生冲击变形和高应力释放的不断变化,使元件产生振动并辐射噪声。

胎体振动是由于轮胎既不是理想圆形、路面也不是完全光滑,因而在轮胎滚动时有一个小的力波动叠加在载荷和摩擦力上,从而使胎体振动变形、辐射噪声。振动辐射噪声的位置主要是轮胎接地面处的部分。

(3)**空气共鸣效应** 轮胎表面的花纹沟槽容积形成类似共振管结构的共鸣管,轮胎振动使该容积中的空气流动,并在一定频率下激励空气共振、辐射噪声。其发生频率不受轮胎结构的影响,一般在 1~2kHz 范围之内。

(4)**周边空气扰动噪声** 由于轮胎转动会造成其周边空气扰动,所以即使在轮胎自由转动时也会产生噪声。此扰动噪声不是轮胎的主要的噪声源。

(5)**路面噪声** 路面粗糙不平,不仅激励轮胎振动产生噪声,而且路面沟槽也会因泵吸效应形成噪声。

(6)**振鸣声** 汽车在平滑路面上起步、紧急制动或急转弯时,轮胎与地面接触面发生局部自激振动而发生噪声,其频率一般为 0.5~1kHz。振鸣声的大小与特性取决于轮胎花纹刚度、橡胶及路面的性质等。

轮胎噪声是多个相互作用的声源共同作用的结果,因此,影响其噪声辐射的因素也很多。最重要的是花纹设计与路面状况,此外还有行驶条件等因素。

2. 制动噪声

由于汽车制动而产生的噪声称为制动噪声,一般是指制动器的鸣叫声,也包括轮胎与地面的摩擦声等。

制动器噪声同样是由于其工作中发生振动产生的。可分为鼓式制动器和盘式制动器两种情况。

（1）鼓式制动器 一般来说，其主要噪声源是制动鼓。这种振动噪声主要是由于摩擦蹄片和制动鼓接触恶化、摩擦蹄片和制动鼓间的摩擦系数随滑动速度变化等引起的。振动一般首先发生于制动蹄片，然后刚度较小的制动鼓和底板被加振，形成一个较大的声源。同时，制动蹄片和制动鼓间的摩擦力不断变化，制动构件受到该持续交变力的作用而发生自激振动，发出连续噪声。也可从受力的角度进行分析，常见的鼓式制动器结构受力如图3-19所示。

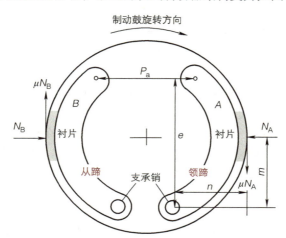

图3-19 常见的鼓式制动器结构受力

如图3-19所示，当作用力P_a将衬片推向制动鼓时，将产生一个摩擦力，大小为法向载荷乘以衬片与制动鼓之间的摩擦系数μ。各制动蹄片所产生的摩擦力为

$$F_A = \mu N_A \text{ 和 } F_B = \mu N_B \quad (3.44)$$

经过推导，可得到制动因数的两个表达式：

$$\frac{F_A}{P_a} = \frac{\mu e}{m - \mu n} \text{ 和 } \frac{F_B}{P_a} = \frac{\mu e}{m + \mu n} \quad (3.45)$$

鼓式制动器有多种形式，有使用两片领蹄的，有使用两片从蹄的等，不同的形式有着不同的制动因数。当利用高制动因数后，其制动效果对衬片的摩擦系数就会变得相当敏感，从而可能产生较大的噪声或尖叫。

（2）盘式制动器 盘式制动噪声主要是由于衬块的振动激励盘作轴向振动引发的。某些情况下，夹钳振动对制动噪声的贡献也很大。

制动噪声具有高频性质，频率范围多在1～8kHz，噪声声级较高。其影响因素包括制动器的结构、制动压力和温度、制动初速度和减速度、以及制动器的使用状况等有关。

（3）制动器结构 其影响主要体现在各部件的刚度、质量、摩擦材料的摩擦系数和特性等方面。

一般来说，增加制动鼓刚度和降低制动蹄片刚度，可使制动噪声发生的趋势降低（由于制动器结构的差别，也可能相反）；增加制动鼓的质量或减小制动蹄片的质量，可使制动噪声发生的趋势降低；摩擦材料的动、静摩擦系数相差越大，在滑动速度改变时，摩擦系数随之变化越大，则制动器越容易产生噪声。摩擦系数数值越大，则发生制动噪声的倾向越大；摩擦材料的表面硬度高，发生制动噪声的倾向越大；此外，制动鼓的尺寸对制动噪声频率范围也有一定的影响。直径越大，制动噪声的频率范围越低。

（4）制动压力与蹄片温度　在某一制动初速度下，制动压力上升，制动噪声随之增大，噪声频率也有增加趋势。但当制动压力超过一定数值后，制动噪声反而降低或完全消失。

制动器温度对制动器噪声的影响，主要决定于制动蹄片的摩擦材料特性与温度的关系。一般在常温下（小于150℃）易发生制动噪声，超过某一温度后，摩擦系数降低，则噪声减小或消失。

制动噪声还与蹄片的热历程有关，若制动器经连续制动而温度增高并冷却后，摩擦片的表面状况发生变化，还可能产生塑性变形，使蹄片与鼓在两端接触，制动噪声发生的比例大大增加。

（5）制动初速度与减速度　一般来说，滑动速度在1m/s时以下易发生制动噪声。随着滑动速度的减小，声压级逐渐变大，在停车前瞬间达到最大。

制动减速度既影响噪声的大小，又影响制动噪声的频率。在较高的制动减速度时，发生的噪声频率相对较高，而各种车速下进行空载、满载的试验表明，制动减速度增加，制动噪声发生的比例上升。

3. 传动系噪声

传动系噪声主要包括变速器和驱动桥噪声，在第5章和第6章中将对变速器噪声信号特征进行详细阐述，相关内容也可推广至驱动桥中。

3.16.3　车身噪声

汽车噪声除了之前阐述的各系统噪声外，还有车身噪声。主要包括车身本体产生的噪声以及车内噪声。

1. 车身本体产生的噪声

车身本体产生的噪声主要包括两个方面：车身振动噪声和空气流动噪声。

（1）车身振动噪声　此噪声受车身结构、发动机安装方式、发动机振动和路面等多种因素的影响，一般情况下其对车辆内外噪声的贡献比空气流动噪声大。通常包含以下两种振动：

1）车身前部振动，由前轮激振力所产生的前轮非悬挂质量的共振与车身的一阶弯曲共振、发动机垂直振动及纵向角振动共振合成。外部表现为车身的一阶弯曲共振。

2）车身横向振动，是由于左右车轮的逆向振动而产生的后悬挂质量的横向角振动的共振，外部表现为车身的扭转共振。

两种振动互相影响，使车身振动状态更为复杂。

从车身结构看，作为振动噪声现象的频率为5～300Hz。其中以车身结构为主产生的振动噪声在5～30Hz的低频范围内，以钣金为主产生的振动噪声在30～300Hz的较高频率范围内。

此外，无骨架车身的结构直接承受路面的冲击，更易产生振动噪声；车身结构中若部件刚度不足，则固有频率降低，也易产生噪声；发动机、传动系等与车身隔振不好，也易激起车身振动引发噪声。

（2）空气流动噪声 此噪声只受车身外形结构及车速的影响，尤其汽车行驶时，车身内外总会存在不同程度的空气流动噪声。主要包括三个方面：

1）空气通过车身缝隙或孔道进入车内产生的冲击噪声。

2）空气吹过车身外面凸起物产生的涡流噪声。

3）空气与车身的摩擦声。

由于空气阻力与汽车行驶速度的平方成正比，因此汽车高速行驶时的空气流动噪声较大。空气流动噪声的频率一般为2000Hz左右，因此听起来感觉为鸣叫声或沙沙声。

2. 车内噪声

车内噪声是指行驶汽车的车舱内存在的各种噪声，易使人感到疲劳，也影响乘坐舒适性。从声源来看，包含了发动机噪声、底盘噪声等，这些声源经由空气（800Hz以上）和固体（500Hz以下）两个途径传入车内。车内噪声一般用驾驶员右耳的声压和频谱两个参量来评价。

接下来将从其特性和影响因素、车厢的空腔共鸣和驾驶室内的风振现象三个方面进行简单介绍。

（1）特性及影响因素 由于结构差异，各种汽车的车内噪声特性也不相同。

1）对于小客车，其车内噪声的主要激振力是发动机的非对称性、各循环间的压力波动、各缸间燃烧的差别。但由于这些声源的频率较低，对总噪声的响度影响较小。

2）对于载重汽车，在低频段，车内噪声的声压级比车外高。噪声的来源与小客车相同，某些汽车风扇的转动频率、较大型直列多缸发动机缸体振动频率以及驾驶室内和地板下空气的自然振动频率也在低频范围之内。所以，载重汽车车内的低频噪声一般较高。

其高频噪声来源主要是进排气系统、传动系齿轮啮合、轮胎花纹与路面的冲击、气缸压力波动等。

此外，影响车内噪声大小的因素还包括驾驶室结构、密封性、阻尼吸声材料的应用等。

（2）车厢的空腔共鸣现象 汽车的车身形成一定形状的封闭空间，在特定的频率下具有增强噪声的效果，这种现象称为车厢的空腔共鸣。

其产生机理为各种激振力通过悬挂等振动传递系统传至车架，使之产生振动，当该振动频率与车身固有频率相等时，车身产生共振，使该频率下的噪声级急剧增大。

车厢空腔共鸣的特征频率取决于车厢形状和大小。一般，中小型客车为70～90Hz，在150Hz处也可能产生共鸣。

（3）驾驶室内的风振现象 小客车打开单一车窗并以高速行驶时，驾驶室就相当于一个亥姆霍兹共振腔，其固有频率可由下式求得：

$$f = \frac{c}{2\pi} \cdot \frac{A}{VD + 0.96AD} \times 0.5 \qquad (3.46)$$

式中，c 为空气中声速（m/s）；A 为车窗开启面积（m²）；V 为驾驶室容积（m³）；D 为窗框厚度（m）。

当汽车行驶时产生的旋流和窗框相冲击所产生的压力波动频率与上述共振频率相同时，驾驶室内就会产生空气共振，称为风振。

风振频率取决于汽车外形尺寸，一般小客车风振频率为15～20Hz。由于该频率位于人耳可听频率阈之外,所以人耳感到的并非声响,而是一种难过的压迫感。

风振产生状况与汽车外形尺寸、车窗大小和开启程度及车辆行驶速度有关。风振幅度取决于车身的特性和涡流与窗框的冲击程度。

3.17 其他

这里总结了一些和振动噪声相关的其他内容,主要包括以下几个方面:

1)人体各部分的共振频率如图 3-20 所示。可知,正常人体的共振频率在 7.5Hz 左右,其中各部分又有自己的共振频率,且不同体型的人也会对应有不同的频率。

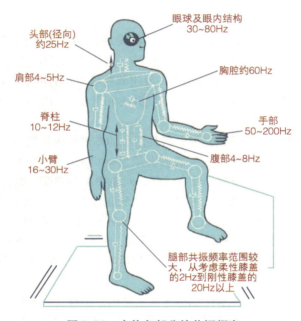

图 3-20　人体各部分的共振频率

2)人体对振动最敏感的频率范围是 2~20Hz,在这个频率范围内,感觉阈是 $0.003g$(g 为重力加速度),不愉快阈是 $0.05g$,不可忍受阈是 $0.5g$。人体对水平振动比垂直振动更敏感。

3)声强正比于 f^2Y^2,其中 f 为频率,Y 为分子直径。当 f 很小时,如果 Y 很大也可以使结构应力增大,从而造成零件的机械性破坏,但此时声强却不一定大;当 f 很大时(如大于 1000Hz),则即使 Y 不大(如只有几微米),也会产生很大的声强。所以有"低频测振、高频测声"的说法。

4)声波在传播过程中能够作用于结构,引起结构的振动。即结构声和空气声可以相互转化。但这种声振耦合现象多发生于薄板结构上。

第 4 章 常见的信号分析方法

信号的分析处理是对各种类型的信号，按各种预期的目的及要求进行加工过程的统称。通过对信号进行提取、变换、分析、综合等处理，可以得到其中有用的信息。在振动噪声领域，对振动噪声信号的处理也是很重要的一个方面。本章将对信号处理以及常见的信号分析方法进行介绍。

4.1 信号简介

本节主要对信号的类型及信号的数字化等内容进行介绍。

4.1.1 信号类型

信号的基本类型可分为确定信号和随机信号。简单的声音信号看起来是确定信号，但多个声音听起来就像是随机的。实际中的信号通常是确定信号和随机信号的混合体。

不同类型信号的相关内容主要包括以下几个方面：

1）确定信号可分为周期性信号和非周期性信号。非周期性信号又可分解为接近周期性或瞬态的信号。

2）确定信号通常定义为时间的函数，而随机信号常按统计特性进行定义。确定信号可以被预测，而随机信号由于存在瞬态值，不能被预测。

3）概率密度函数反映了随机变量的基本属性，随机变量 ε 落在 $x \sim (x + \Delta x)$ 区间的概率正比于区间长度 Δx，即

$$P\{x < \varepsilon \leq x + \Delta x\} = p(x)\Delta x \tag{4.1}$$

式中，比例系数 $p(x)$ 称为概率密度函数。这里的 $p(x)$ 是一维的，对于二维和多维的则称为联合概率密度函数。

概率密度函数是随机信号的基本属性，可用来定义平均值和方差，而方差开平方之后就得到标准差。

4）随机信号的一个重要属性是稳定性，对于一个稳态随机信号，其联合概率密度函数不会随着时间和空间而发生改变。所以，其均值或方差也不会随时间改变。稳态信号和非稳态信号的区别如图 4-1 所示。

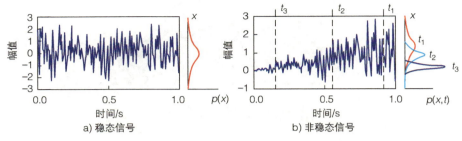

图 4-1　稳态信号与非稳态信号

5）连续信号和离散信号，二者对比如图 4-2 所示。

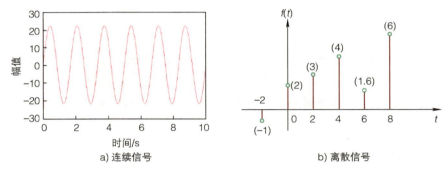

图 4-2　连续信号与离散信号

如果在某一时间间隔内，对于一切时间值，除了若干不连续点外，该函数都能给出确定的函数值，则称该信号为连续信号。而离散信号的时间函数只在某些不连续的时间值上有给定的函数值。

通常认为模拟信号是连续的，数字信号是离散的，但模拟信号并不等同于连续信号。

6）各态历经信号是指无限个样本在某时刻所经历的状态等同于某个样本在无限时间里所经历的状态，其一定是平稳随机信号。

各态历经信号遵循各态历经原理，即允许信号的时间均值等于总体平均值。在实际中，这就意味着可以在一组确定信号的某个瞬间进行统计采样，或者在无限时间里对一个单独的信号进行采样，对于测量结果来说二者没有区别。

4.1.2　信号的数字化

数字化是指将模拟信号转化为数字信号的过程。其中，数字信号是离散时间的函数，或者是一系列的样本。数字化主要包含两个方面的内容：采样和量化。

（1）采样　常用的是等时间间隔的采样，即每个采样点之间的时间间隔都是固定的。在离散时间 $t_n = nT_s$ 内，通过一个模拟连续时间信号 $x(t)$ 的采样就会得到一系列的样本，其中 T_s 是一个采样周期，n 为一个整数。

任意一块采集卡，如果不改变采样频率，采集得到的数据都是等时间间隔的。对于定频信号，在满足采样定理的前提下，如果采样频率为信号频率的整数倍，经过 FFT 后即可得到准确的频谱信息；但对于变频信号，等时间间隔采样会引起频谱泄漏。

由于振动和噪声信号的平均值为 0,所以其标准差和 RMS 值在数值上是一样的。

(2)量化 量化是模拟信号转换为数字信号(AD 转换)的一部分,它可以将离散时间内,信号的实际输入值变成圆整的输出值。不过,圆整的结果也使信号中出现了额外的量化噪声。

4.2 信号采样简介

在数字信号处理领域中,采样定理是连续时间信号(通常称为"模拟信号")和离散时间信号(通常称为"数字信号")之间的基本桥梁,且其给出了采样频率与信号频率之间的关系,是连续信号离散化的基本依据。本节主要对信号采样的相关内容进行介绍。

4.2.1 采样频率

采样频率也称为采样速度,单位是 Hz,定义了每秒从连续信号中提取并组成离散信号的采样个数。

采样频率必须大于信号的频率才能保证不失真,频率分辨率越小,则精度越高。如果采样频率是 1000Hz,则代表它每秒采 1000 个点;如果采样点数为 100,则每秒向计算机传送 10 次;如果采样频率为 1000Hz,采样点数也设为 1000,则数据的更新率是 1 次/s;如果采样频率为 1000Hz,采样点数设为 100,则数据的更新率是 10 次/s。

4.2.2 采样率

采样率表示每秒采样点的个数,单位是个/s。其决定了信号的精度。

例如,当采样点为 100 时,数据的更新率为 20 次,即传输了 20 次数量为 100 的采样点,所以此时的采样频率即为 100 × 20 = 2000Hz 或者说是 2000 次/s。

4.2.3 采样定理

由上述可知,将信号从一系列时间上等间隔的样本中进行重构时,其采样间隔并不是随便选取的,而是受信号重构要求的影响。以正弦信号为例,如图 4-3 所示[7]。

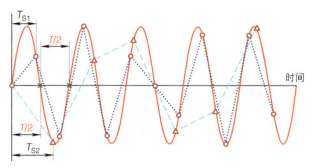

图 4-3 正弦信号的采样

记正弦信号波形的长度为 T,根据曲线过 0 的次数可以确定原始正弦信号的频率。在统计过 0 次数的过程中,将样本信号的点通过一条直线连接起来。如图 4-3 所示,这里选择了两个不同的采样间隔 T_{S1} 和 T_{S2}。其中,T_{S1} 小于正弦信号波形的一半,而 T_{S2} 大于正弦信号的半周期长度。周期信号 T 的频率是 $f = 1/T$，则两个不同采样间隔的采样频率就分别为 $f_{s1} = 1/T_{S1}$ 和 $f_{s2} = 1/T_{S2}$。

很明显，只有当 $T_{S1} < T/2$ 时，采样信号的过 0 次数才等于原始信号的过 0 次数。因此，采样频率 f_s 要想维持正弦信号的频率 f，必须满足采样定理，即

$$T_S < T/2 \rightarrow f_s > 2f \tag{4.2}$$

也就是说，在进行模拟/数字信号的转换过程中，只有当采样频率大于信号中最高频率的 2 倍时，采样之后的数字信号才能完整地保留原始信号中的信息。一般实际应用中通常会保证采样频率为信号最高频率的 2.56~4 倍。又常称采样频率的一半（即 $f_s/2$）为奈奎斯特频率，因此采样定理又称奈奎斯特定理。

4.2.4 信号混叠

前面提到，只有当采样频率大于信号中最高频率的 2 倍时，采样之后的数字信号才能完整地保留原始信号中的信息，如果不满足采样定理，则会发生信号的混叠，如图 4-4 所示。

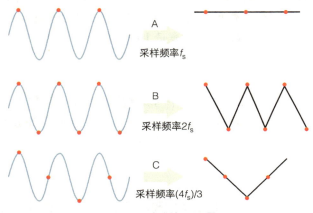

图 4-4 时域信号混叠

可知，对一个正弦信号进行采样时，如果采样频率等于信号频率，则采样的时间间隔等于信号的周期，即信号的每个周期只能采集到一个数据，如图 4-4 中的最上图所示。将这些采样数据点连起来后得到的线条将是一条直线，对应的频率成分为 0Hz。

如果采样频率为正弦信号频率的 2 倍，则采样的时间间隔为信号周期的一半，因此，信号每个周期内的采样点数为 2，如图 4-4 中间的图所示。将这些采样点连成线条得到的信号形状为三角波，虽然信号的频率成分没有失真，但是很难保证信号的幅值不失真。因为这两个采样点很难位于正弦信号的波峰与波谷处。所以，在很大程度上采样后信号的幅值也是失真的。

图 4-4 最后的图表示的是采样频率为正弦信号频率的 4/3 倍，很明显，此时得到的信号已经失真，即采样信号已经不能保持原信号的频谱特性了。

消除频率混叠的途径有两种：

1）提高采样频率 f_s。即缩小采样时间间隔。然而实际的信号处理系统不可能达到很大的采样频率。另外，许多信号本身可能含有 0~+∞ 范围内的频率，不可能将采样频率提高到 +∞。所以，通过提高采样频率避免混叠的方法是有限制的，一般是先确定最高分析频率，再由最高

分析频率确定采样频率。

2）采用抗混滤波器。在采样频率 f_s 一定的前提下，使用低通滤波器滤掉高于 $f_s/2$ 的频率成分，通过低通滤波的信号即可避免出现频率混叠。

4.3 傅里叶变换基础

傅里叶变换是数字信号处理领域一种很重要的算法，且在各个领域都有着广泛的应用。本节主要对傅里叶变换的相关内容进行介绍。

4.3.1 时域和频域

通常试验采集到的信号都是随时间变化的，基于这样的信号进行的分析称为时域分析法。而对于一些有时间变化规律的信号，当用频率来描述时更为高效方便，因此就出现了横轴为频率的描述信号的方法，称为频域分析法。

与信号的时域相比，进行频谱计算的优点如图 4-5 所示。其中，图 4-5a 是信号的时域，看起来是部分随机，波形以一定的规律重复。图 4-5b 显示的是频谱，给出了频率和幅值的信息或是图 4-5a 四个正弦时间信号的 RMS 值。可见，频率分析可以揭示信号部分的源头。

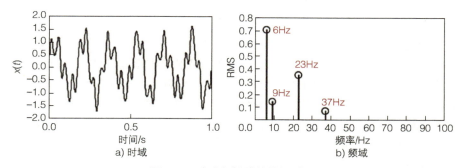

图 4-5　时域和频域的信号对比

变速器的振动和噪声谱中包含了源于齿轮、轴承等部件产生的噪声，噪声的幅值反映了传动部分的机械状态。对于故障诊断来说，频谱分析是一个很有用的工具。

连接时域和频域的工具之一就是傅里叶分析，其通常又可分为傅里叶级数和傅里叶变换，下面将分别进行介绍。

4.3.2 傅里叶级数

所谓傅里叶级数就是将一个复杂的函数展开成三角级数，也就是通过三角函数及常数项来叠加逼近一个周期为 T 的函数。利用欧拉公式可以将三角函数转化为指数形式，因此傅里叶级数的表达式如下式所示：

$$f(t) = \sum_{n=-\infty}^{+\infty} c_n \mathrm{e}^{jn\omega t} \qquad (4.3)$$

式中，$c_n = \dfrac{1}{2\pi} \int_{-\pi}^{\pi} f(t) \mathrm{e}^{-jn\omega t} \mathrm{d}t$，$(n = \pm 1, \ \pm 2, \ \cdots)$。

根据这个特性，任何时域上的周期函数都可以看作是不同振幅、不同相位正弦波的叠加。以正弦波函数叠加逼近方波函数的示意图如图 4-6 所示。

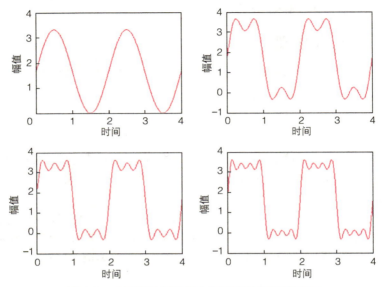

图 4-6　由正弦波函数叠加逼近方波函数的过程

其中，左上角为基频波形，右上角为叠加了 3 次谐波的波形，左下角为基频加 3 次谐波及 5 次谐波的波形，右下角为基频加 3 次谐波及 5 次谐波和 7 次谐波的波形。可见，叠加的谐波成分越多，波形就越像方波。当叠加足够多的谐波时就可近似得到方波了。

这些叠加的正弦波就是频域中的频率分量。其中，频率最低的分量是频域的基本单元，例如当正弦波 $\cos(\omega_0 t)$ 为基础时，则频域的基本单元即为 ω_0。除此之外，傅里叶级数叠加中还存在一个 0 频率，它是一个周期无限长的正弦波，也称为直流分量，但它仅影响全部波形相对于纵轴整体向上或向下的位置，而不改变波的形状。

4.3.3　傅里叶变换

傅里叶级数是针对周期函数的，当处理非周期函数时，就需要傅里叶变换。因为非周期信号可以看成是信号的周期趋于无穷大，所以傅里叶变换实际是对傅里叶级数的扩展。

傅里叶变换的表达式如下所示：

$$f(\omega) = \int_{-\infty}^{\infty} f(t) e^{-j\omega t} dt \tag{4.4}$$

常见的几种傅里叶变换包括离散傅里叶变换、连续傅里叶变换、快速傅里叶变换、细化的快速傅里叶变换和短时傅里叶变换等。

其中，离散傅里叶变换（Discrete Fourier Transform，DFT）是在一段有限长的离散信号中，找到其含有的各个频率的正弦波分量，其在时域、频域上均是离散的。由于 DFT 计算量太大，很难对问题进行实时处理，所以并未得到真正应用。

连续傅里叶变换（Continuous Fourier Transform，CFT）是离散傅里叶变换的一种扩展，相比于离散傅里叶变换，连续傅里叶变换具有更高的分辨率，可以准确地捕捉信号的频率特性。

快速傅里叶变换（Fast Fourier Transform，FFT）是利用计算机进行离散傅里叶变换的统称，特点是高效、快速。

细化的快速傅里叶变换（即 Zoom FFT），又称为选带快速傅里叶变换，可以对信号的频率进行局部细化放大，使感兴趣的频带获得较高的频率分辨率。具体的步骤包括频移、低通滤波、重采样、频谱重组、细化频谱等。

此外，还有傅里叶逆变换（Inverse Fast Fourier Transform，IFFT）。傅里叶逆变换就是傅里叶变换的逆过程。但通常不是对一个信号做傅里叶变换后直接做逆变换，而是在傅里叶变换和傅里叶逆变换之间有一个滤波的过程。将不要的频率分量滤除，然后再做逆变换，从而得到想要的信号。比如信号中掺杂着噪声信号，可以通过滤波器将噪声信号的频率去除，然后再做傅里叶逆变换，即可得到没有噪声的信号。

傅里叶变换是一种全局变换，时域信号在经过傅里叶变换后，就变成了频域信号，不过从经过变换后的频域中无法看到时域的信息。

但对于非稳态信号来说，时域信息也很重要。如图 4-7 所示，两个扫频信号在时域上的表现是相反的，且都是非平稳信号，但其频谱图却是相同的，无法从中得到每个频率分量出现的时间。

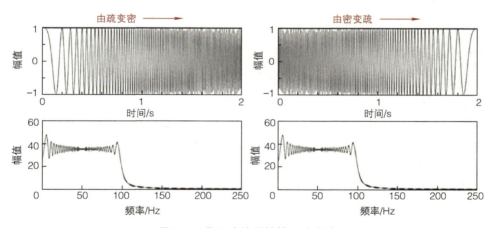

图 4-7　非平稳信号的傅里叶变换

可见，傅里叶变换处理非平稳信号有天生的缺陷，它只能获取一段信号总体上包含的频率成分，但对各成分出现的时刻一无所知。所以，两个时域相差很大的信号，频谱图可能一样。

然而平稳信号多是人为制造出来的，自然界的大量信号几乎都是非平稳的。对于非平稳信号，只知道频率成分是不够的，还需要知道各个成分出现的时间以及各个时刻的瞬时频率及其幅值，这就是时频分析。

4.3.4　短时傅里叶变换

短时傅里叶变换（Short-Time Fourier Transform，STFT）在时域和频域都有一定的分辨率，且在全局范围内其时频分辨率都是一样的。它采用的是滑动窗口机制，通过设定窗口的大小和步长，让窗口在时域信号上滑动，分别计算每个窗口的傅里叶变换，从而形成不同时间窗口对应的频域信号，拼接起来就是频率随时间变换的时频信号。

短时傅里叶变换可以用于非稳态信号的处理，是为非平稳信号引入的时频分析方法，它将信号的时域和频域联系起来，可以得到非平稳信号的时变特性。通俗地讲，短时傅里叶变换是把整个时域过程分解成无数个等长的小过程，每个小过程近似平稳，再对小过程进行傅里叶变换，从而可以得到不同时间点上的频率成分。

但短时傅里叶变换也存在一定的缺陷，其不同宽度窗的影响如图 4-8 所示。

可见，当窗太窄时，窗内的信号太短，会导致频率分析不够准确，即频率分辨率差；窗太宽时，时域上又不够精细，即时间分辨率差。所以，窄窗口对应的时间分辨率高、频率分辨率低；宽窗口对应的时间分辨率低、频率分辨率高。

对于时变的非稳态信号，高频适合窄窗口，低频适合宽窗口。然而短时傅里叶变换的窗口是固定的，在一次变换中宽度不会变化，所以其还是无法满足非稳态信号变化频率的需求。由此引入了小波变换。

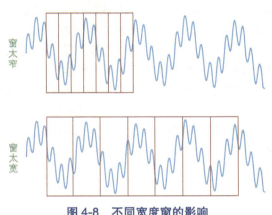

图 4-8　不同宽度窗的影响

4.4　小波变换

小波变换的出发点和短时傅里叶变换（STFT）不同。STFT 先给信号加窗，再分段做 FFT；而小波变换则直接变换了基函数，即将傅里叶中无限长的三角函数基换成了有限长经过衰减处理的小波基。这样不仅能够获取频率，还可以定位到频率出现的时间。小波基函数在时域和频域上都是局部化的，快速傅里叶变换和小波变换的基函数对比如图 4-9 所示。

小波变换有两个变量：尺度（scale）和平移量（translation）。其中，尺度控制小波基函数的伸缩，对应频率的反比；平移量控制小波基函数的平移，对应时间。

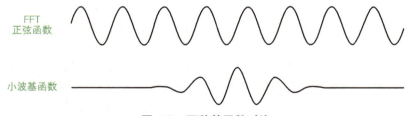

图 4-9　两种基函数对比

小波基通过平移、伸缩，不仅可以知道信号的频率成分，还可以得到它在时域上存在的具体位置。所以小波变换得到的是一个时频谱。

小波变换在不同时间和频率上具有不同尺寸的时频窗，可以在低频区域实现较高的频率分辨率，然而其仍然受到海森堡（Heisenberg）不确定原理的限制，不能在时间分辨率和频率分辨率上同时具有很高的精度。同时小波变换的时频窗并非完全是自适应的，它还需要人为地选择基函数。

4.5 希尔伯特变换

希尔伯特变换（Hilbert Transform，HT）是傅里叶变换的一种扩展，其可以用于信号的调制解调，或对信号进行时频分析。其中，在时频分析领域，希尔伯特变换主要用于瞬时频率的估计。

由希尔伯特谱可以得到信号的时频特征，且有很高的时间分辨率，但是信号边界处的误差往往较大。所以，希尔伯特谱并不能概括出信号的时频特征，尤其是多频率成分的信号，更是不能直接进行希尔伯特变换。因此，还需要对原始信号进行分解，做成单频率信号的叠加，这就是希尔伯特-黄变换中的 EMD 分解。

相比于希尔伯特变换，希尔伯特-黄变换（Hilbert Huang Transform，HHT）增加了经验模态分解（Empirical Mode Decomposition，EMD），EMD 就是把复杂信号分解成从高频到低频的若干个固有模态函数（Intrinsic Mode Function，IMF），IMF 需要满足两个条件：

1) 信号极值点的数量与零点数相等或相差为 1。
2) 信号由极大值定义的上包络和由极小值定义的下包络的局部均值为 0（即包络上下对称）。

通俗地讲，EMD 是依次提取信号在每个局部的最高频分量的过程，因此每个 IMF 实际上是一个单频率分量信号。然后再对每个 IMF 分量进行 Hilbert 变换，从而得到每个分量的 Hilbert 谱。

HHT 的不足之处在于其关键步骤 EMD 分解的研究尚不完善，缺乏一些理论基础。另外，HHT 在低频区域可能会出现一些不存在的频率分量。

4.6 自谱与互谱

自谱也称为自功率谱，本质是由频谱计算得到的，即其复数频谱乘以它的共轭，因此有平方的形式。自谱是实数，没有相位信息，因此可以进行线性平均。对平方形式的自谱再求平方根，对应为线性形式，称为线性自功率谱[4]。

线性自功率谱是最常用的，用来表示窄带信号最为合适。绝大多数情况下，测量的信号都是窄带信号，线性自功率谱是默认的谱函数形式。

互谱也是通过频谱计算得到的，但是其是一个信号的频谱乘以另一个信号的频谱的共轭得到的，结果为复数形式，有幅值和相位信息，任一频率下的相位为两个信号的相位差。互谱只有平方形式，因此一定是互功率谱。如果对互谱进行线性平均，两个信号不相关的成分将会被弱化。

自谱与互谱的一个典型应用是计算频响函数和相干函数。

4.7 相关与相干

本节主要介绍两部分的内容：自相关与互相关，以及相关分析和相干分析[4]。

4.7.1 自相关与互相关

自相关函数常用来描述信号某瞬间数值与另一瞬间数值的依赖关系。由于自相关是偶函数，所以其函数值可正可负，最大值出现在 0 时刻，为信号的均方值。自相关函数是时域分析法，它与自谱是一对傅里叶变换对。

自相关可用于检测混淆在无规则信号中的周期信号。

互相关函数是针对两个信号而言的，表示两个信号之间一般的依赖关系，也是一个可正可负的函数，不过其最大值不一定在 0 时刻，也不一定是偶函数。但两个信号互换时，函数是关于纵轴对称的。互相关与互谱是一对傅里叶变换对。对于两个相互独立的信号，它们的互相关函数为 0；反之，若互相关函数不为 0，则可用互相关函数来表述它们的相关性。

4.7.2 相关分析与相干分析

如前所述，相关分析是一种时域的分析方法，用于检测信号中的相关性，本质上是一种线性滤波。它主要的应用包括以下几个方面：

1）对信号本身的分析，主要是指找出隐藏于不规则信号中的规则信号。
2）求两个信号之间的关系。
3）系统动态特性的测量。
4）以相关函数为基础，进行 FFT 变换计算自功率谱和互功率谱。

相干分析是一种频域的分析方法，用于检测互功率谱和传递函数测量的有效性。相干函数定义为输入和输出信号的互功率谱的平方，除以输入信号自功率谱和输出信号自功率谱的乘积。相干函数是个平均函数，取值范围为 0~1 之间，接近于 1 时表示输出几乎完全由输入引起，此时可以充分相信频响函数的测量结果；接近于 0 时表示有其他的输入信号没有被测量出来，或存在严重的噪声、泄漏或系统有明显的非线性等问题。

相关分析和相干分析的关系：用时域内互相关函数获得的信息，也可以用频域的相干函数来获得。

4.8 窗函数

信号处理的主要工具是傅里叶变换。而傅里叶变换研究的是整个时间域和频率域的关系，只能对有限长度的时域数据进行变换。因此，需要对数据进行信号截取。但通常截取后的信号都会存在泄漏，为了将泄漏误差减少到最小，就需要使用加权函数，称为窗函数[4]。

4.8.1 基本介绍

即使是周期信号，如果截取的时间长度不是周期的整数倍（周期截断），截取后的信号也会存在泄漏。而通过加窗函数，可以使时域信号更好地满足 FFT 处理的周期性要求。加窗的目的是减少泄漏，但不能消除泄漏。

信号截取时只能截取一定的长度，就像用一个框去选取信号，如图 4-10 所示，原始信号是周期信号，时间很长，截取时用框住的"窗"去截断周期信号，得到的信号如图 4-10 下图所示。

此处的"窗"是一个单位权重的加权函数，称为"矩形

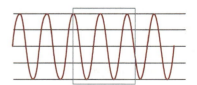

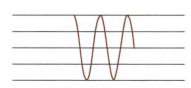

图 4-10 原始信号与截取信号

窗"。位于窗外的信号是看不到的，只能看到窗内的信号。这也是为什么这样的加权函数被称为窗函数的原因。

图 4-10 中用于截取信号的框就称为窗函数，是一种计权函数。不同窗函数的计权是不一样的，即可以基于信号的类型和分析目的，选用不同的窗函数来进行信号截取。

4.8.2　窗函数的时频域特征

加窗实质上是用一个所谓的窗函数与原始的时域信号做乘积的过程，使得相乘后的信号似乎更满足傅里叶变换的周期性要求。相乘的过程通常在时域进行，也可以在频域进行。加窗过程如图 4-11 所示。

其中，原始信号是不满足 FFT 的周期性要求的，变换后存在泄漏。施加一个窗函数后，会在一定程度上减少泄漏，即用一个窗函数与原始信号相乘，得到加窗后的信号为周期信号，从而满足 FFT 的周期性要求。

使用不同的时间窗，其时域形状和频域特征是不同的。常见的窗函数包括矩形窗、汉宁窗和平顶窗。

矩形窗、汉宁窗和平顶窗的时域形状和频域特征如图 4-12 所示，可见，窗函数不同，时域和频域都是不同的。

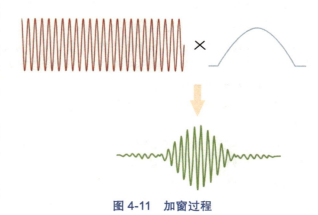

图 4-11　加窗过程

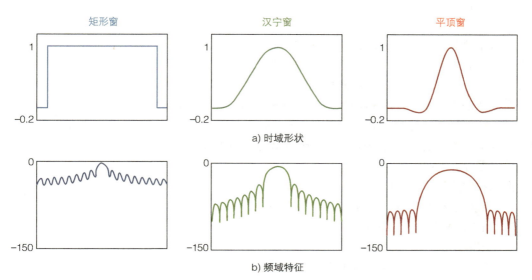

图 4-12　不同窗函数的时域形状和频域特征

为了减少泄漏，可采用不同的窗函数进行信号截取，也就是说，泄漏与窗函数频谱特征相关。典型的窗函数频谱特征如图 4-13 所示。

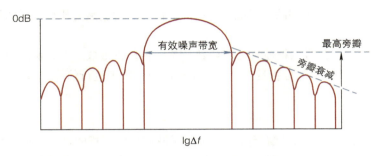

图 4-13　典型的窗函数频谱特征

各种窗函数频谱特征的主要差别在于主瓣宽度（也称为有效噪声带宽）、幅值失真度、最高旁瓣高度和旁瓣衰减速率等参数。加窗的主要思路是用比较光滑的窗函数代替截取信号样本的矩形窗函数，也就是对截断后的时域信号进行特定的不等计权，使被截断后的时域波形两端突变能够变得平滑一些，以此压低旁瓣（泄漏量最大），从而减小泄漏。

主瓣的宽度主要影响信号的能量分布和频率分辨能力。频率的实际分辨能力为有效噪声带宽乘以频率分辨率。因此，主瓣越宽，有效噪声带宽越宽，在频率分辨率相同的情况下，频率的分辨能力越差。

旁瓣的高低及其衰减率影响能量泄漏程度，即频谱拖尾效应。旁瓣越高，说明能量泄漏越严重，衰减越慢，频谱拖尾越严重。相对而言，如果旁瓣能量较小，高度趋于 0，则可使得信号的能量相对集中于主瓣，能够较为接近真实的频谱。

不同窗函数对信号频谱的影响是不一样的，这是因为它们产生泄漏的大小不一样，频率分辨能力也不一样。

4.8.3　加窗原则

加窗函数时，应使窗函数的频谱主瓣宽度尽量窄，以获得高的频率分辨能力。旁瓣衰减应尽量大，以减少频谱拖尾，但通常不能同时满足这两个要求。各种窗的差别主要在于集中于主瓣的能量和分散在所有旁瓣的能量之比。

窗函数的选择取决于分析的目的和被分析信号的类型。通常情况下，有效噪声带宽越宽，频率分辨能力越差，越难于分清有相同幅值的邻近频率。分辨出强分量频率与邻近弱分量的能力与衰减率有关。通常，有效噪声带宽比较窄的窗函数，其旁瓣的衰减率较低，所以窗函数是在二者中进行折中选取的。

窗函数的选择原则一般包括以下几个方面：

1）如果截取的信号仍为周期信号，则不存在泄漏，无须加窗，相当于加矩形窗。

2）如果信号是随机信号或未知信号，或者有多个频率分量，测试关注的是频率点而非能量大小，则建议选择汉宁窗。

3）对于校准而言，要求幅值精确，一般选择平顶窗。

最后需要说明的是加窗的影响。窗函数会使信号幅值失真，而且由于加窗使频率峰值失真，所以在计算峰值处的 RMS 值时也会受影响。此外，从能量的角度看，加窗后的信号能量要比加窗前的能量小。因此，对信号加了窗函数后，频谱还需要进行修正。

每个窗函数对数据的频域描述都是有影响的，一般而言，窗函数将降低函数峰值幅值的精度，并且使得最终得到的阻尼似乎比实际真实存在的阻尼更大。尽管这些误差是不想要的，但相比泄漏造成的严重失真，这些误差还是可以接受的。

4.9 倒频谱分析

倒频谱分析也称倒谱分析，是信号经过对数运算后再进行傅里叶逆变换得到的频谱。由于一般的傅里叶谱是复谱，所以又称为复倒谱。倒谱分析在信号处理中有着广泛的应用，本节主要对其相关内容进行介绍[7]。

4.9.1 基本介绍

倒谱分析聚焦于频谱的周期性，它关注的是基频的谐波级数或载波的边频集。在等间隔频谱中，这些边频集数量很大，且由于它们在频谱中不占主导地位，使得很难被识别出来。对于车辆传动系统的振动噪声频谱，它们是由变速器齿轮副或轴承缺陷引起的。这些缺陷不会激励出纯正弦信号的响应，而是包含很多谐波信号，这就需要在频谱中进行识别。

"倒谱"（cepstrum）的名字是将"频谱"英文"spectrum"的前四个字母颠倒顺序后得来的。"倒频率"（quefrency）的命名类似，也是由英文"frequency"的字母改变得到。同样，也创造了其他名词来描述倒谱分析的结果，倒谱分析相关术语见表 4-1。

倒谱的定义有很多，如复倒谱、实倒谱、功率倒谱和相位倒谱（略有不同）。通常关注的是实倒谱，其被定义为双边傅里叶频谱的自然对数再进行傅里叶逆变换后的实部。

表 4-1 倒谱分析相关术语

原术语	倒谱术语
频谱	倒谱
频率	倒频率
谐波	倒谐波
幅值	倒幅值
相位	倒相位
滤波	倒滤波
低通滤波	短通倒滤
高通滤波	长通倒滤

倒谱的计算顺序可以象征性地表示如下：

$$c(q) = \text{real}[\text{IFFT}(\log(|\text{FFT}(x(t))|))] \tag{4.5}$$

式中，q 为倒频率。倒谱的有些定义中，会使用直接傅里叶变换来代替傅里叶逆变换，除了范围系数之外，两个计算的结果是相同的。第二个傅里叶变换的函数是计算频谱的频谱，其并不主要关注正弦部分的分解，而是关注频谱线。频率部分对数的计算是为了减少数量上的不同。傅里叶逆变换的结果不是返回到时域，而是返回到倒频域，因为用于傅里叶变换的输入信号是傅里叶频谱的对数。

倒频谱由倒谐波组成，这与旋转机械振动噪声信号频谱中出现的主导部分相似。由于这些部分是使用了傅里叶逆变换进行的计算，所以它们的实部要么为正、要么为负。

加权操作与频域中的滤波操作相似，通过在一个期望的位置对整个倒谱乘以矩形窗，可以选定一个用于分析的倒频范围。这个方法在噪声分析中会用到。

4.9.2 谐波的影响

倒谱的属性可以使用频谱的例子来分析，其表达式为

$$X_k = \log(|\text{FFT}\{x_n\}|), k = 0, 1, 2, \cdots, N-1 \tag{4.6}$$

若某频谱中包含了 16 个等距分布的谱线，傅里叶变换输入信号的长度是 1s，采样频率 1024Hz，即包含了 1024 个样本；假定输入信号是周期性的，基频为 16Hz，也是频谱中相邻部分的间距；信号中所有部分都是实部，且有相同的量，即它们代表了傅里叶频谱绝对值的对数。则输入信号的傅里叶逆变换及其倒谱结果如图 4-14 所示。

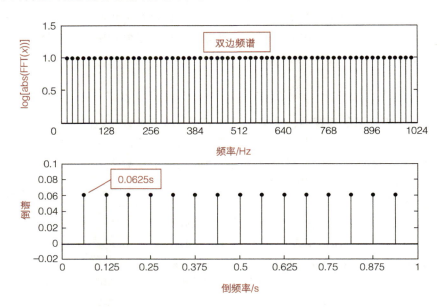

图 4-14　输入信号的傅里叶逆变换及其倒谱

在这里，输入信号的波形对分析来说并不重要。输入的周期信号在一个循环内每秒重复 16 次，也即倒频率为 0.0625s。成对的周期重复次数就是 8 次，其倒频率就为 0.125s。这个例子解释了倒谱中 16 个倒谐波中前两个倒谐波的含义。将其命名为倒谐波，是因为其含义与频谱中的谐波相同。

离散倒谱 c_n 的数值计算也可以通过傅里叶逆变换的公式得到：

$$c_n = \frac{1}{N} \sum_{k=0}^{N-1} X_k e^{j2\pi nk/N}, (n=0,1,2,\cdots,N-1) \tag{4.7}$$

由于 X_k 的一些选取值为 1，且余数为 0，因此可使用向量多边形的方式来确定指数表达式的结果。

另一个例子如图 4-15 所示，其关注的是相同基频 16Hz 的周期信号，但只含有奇次谐波。

图 4-15 中的计算结果与图 4-14 中的排列方式相同。这串偶次谐波信号的基频为 32Hz，也就是当输入信号只包含奇次谐波时的基频的两倍。实际上，除了倒谱的非 0 部分外，频谱中的偶次谐波是丢失了、不存在的。倒谱中为正的部分的数量和频谱中包含的偶次与奇次谐波之和是相同的。去除偶次谐波的影响是通过倒谱的负的部分来反映的，也就是出现一串基础倒频率为 0.03125s 的倒谐波，即频率为 32Hz。

此外，奇次谐波信号的傅里叶逆变换也可以从分析的角度完成。对于偶次谐波，X_k 取 1 或 −1 时，意味着指数项乘以 1 或 −1 后分别求和，乘以 −1 的指数项求和之后，就得到了离散倒谱为负的部分。

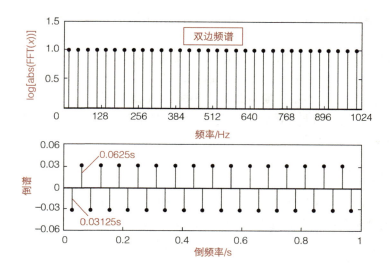

图 4-15　只包含奇次谐波部分的信号倒频率

更加接近实际的一个例子如图 4-16 所示。它包含了两个信号的倒谱计算，而这两个信号又由四个正弦谐波部分组成，它们的频率在信号 1 中为 50Hz、100Hz、150Hz 和 200Hz，在信号 2 中为 50Hz、150Hz、250Hz 和 350Hz。两个信号的基频相同。各部分的幅值以一定的频率从最高至最低逐渐减小，即 1、0.5、0.25 和 0.125。在尺寸上很接近的幅值，它们之间的差值为 6dB。最大幅值与最小幅值之比为 18dB，也就是说，与最大幅值相比，最小幅值减小了差不多 10 倍。

图 4-16 中还可以明显看出 $\log[abs(FFT(x))]$ 的值对频率的依赖性，幅值之间的差值明显减小，因此，认为谐波和边频的幅值相同时，不会影响结论的一般性。

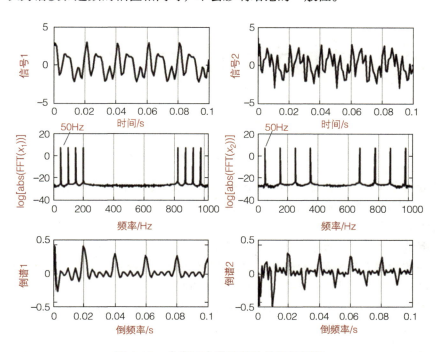

图 4-16　含有四个谐波部分的信号倒谱

图 4-16 中也显示了输入信号的五个周期。各部分幅值之间的不同对倒谱的计算结果没有明显影响。

理想输入周期信号的谐波部分，采样频率是其基频的整数倍。但对于 1024Hz 的采样频率和例子中基础部分为 50Hz 的频率，二者之间的关系则不满足整数倍。图 4-16 中可以清楚地看到这个现象的影响。然而重复的周期和偶次谐波的缺失也是明显的。

在理想情况下，倒谱的非 0 部分要么正要么负，且不会有穿插。但实际上会有一个小的穿插存在，其与相近的主要脉冲相反。

4.9.3 边频的影响

频谱中边频的位置和零频率有关，载波频率和边频之间的距离都是随机的。为了了解这些属性，就要用到理想化的例子，如图 4-17 所示。左侧第一个信号中，边频部分按 16Hz 布置，右侧第二个信号中则是 14Hz。两个信号中，9Hz 频率的部分是最接近 0 频率的。为了简化，会假设一族边频覆盖了整个频谱。

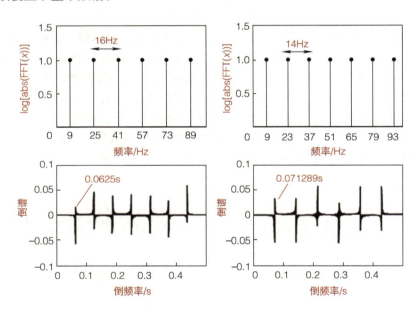

图 4-17　只有边频部分组成的信号倒谱

倒谱部分的出现和倒谐波部分不同，这里的倒谐波也就是相当于频谱的谐波部分。第一主导倒谐波部分，其倒频率对应于频谱中边频之间的距离。

两个边频集的倒谱如图 4-18 所示。其中一个以 16Hz 的频率布置，另一个则为 14Hz。图中显示了两个倒谱。第二个信号中，频谱中所有部分的量都有相同的值。倒谱的倒谐波清晰地表明了谐波之间的频率差异，即 16Hz 和 14Hz，以及相应的倒频率分别为 0.0625s 和 0.071289s。频谱数量的归一化影响，引起了 0.87891ms 倒频率的倒谐波。

本节关于倒谱的最后一个例子和相位调制信号有关，其载波频率为 96Hz。相位调制参数如下：调制指数为 0.2，调制信号的频率为 7Hz。调制信号的倒谱如图 4-19 所示，可见，倒谱的倒谐波清晰地表明了调制频率。

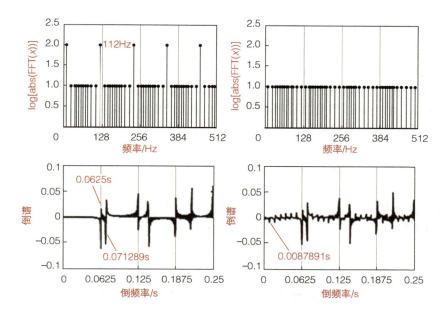

图 4-18 两个谐波集组成的信号的倒谱

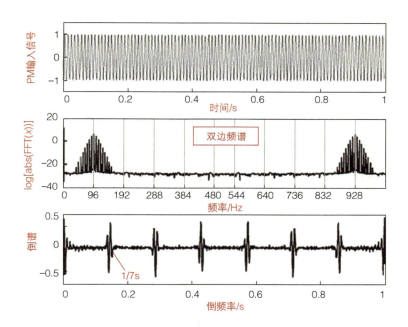

图 4-19 调制信号的倒谱

倒谱的优势是对传递路径依赖性较低，这个路径指的是振源与振动传感器布置的位置之间的路径。

分析表明，振源倒谱与频响对数的傅里叶逆变换之间存在一种累积影响，这里的频响是指测量信号传递路径倒谱上的频率响应。由于频率响应通常不包含基频谐波频率处的振动峰值，所以这个在倒谱上的影响是被减弱的。

4.9.4 倒谱的优势

一个长周期内信号的波动,可以由频域中出现的一个接近于 0 频率的部分来反映。因为时间周期的长度和频率之间是彼此成反比的,所以倒频率和频率之间亦是如此。在由滚动轴承缺陷产生振动的分析中,可以对这一属性进行说明。通过充电电容器的放电,在轴承滚道上制造了一个局部缺陷,然后通过测量带有局部缺陷的轴承上产生的振动信号,以及没有缺陷时的振动信号,就可以知道缺陷是如何在振动信号的频谱和倒谱中产生影响的。

台架上的圆锥滚子轴承,当内圈转速接近 3000r/min 时,就会在轴承上施加轴向力。试验时,振动在轴承外圈的轴向进行测量,先测量的是无缺陷轴承,然后测量带有人工制造缺陷的轴承。加速度信号的时间历程如图 4-20 所示。

从时间记录中可以清楚地看到,局部缺陷产生了一系列的冲击。这些冲击的重复频率对于缺陷的定位很重要。

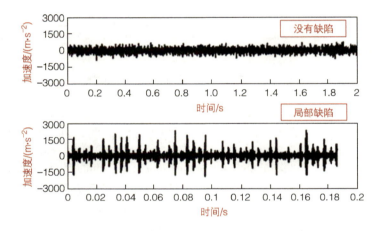

图 4-20 健康和缺陷滚动轴承产生的振动信号

两个振动信号的频谱如图 4-21 所示。结构振动频率的峰值在高频时占主导,重复冲击频率的频谱部分接近于 0,由于幅值较小,不易识别。振动峰值放大了各族谐波或边频,但无法直接确定这些谱线之间的距离。

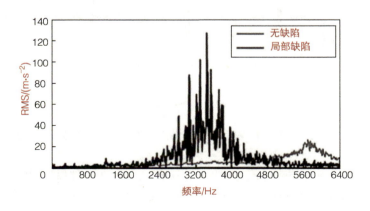

图 4-21 健康和缺陷滚动轴承产生的振动频谱

轴承缺陷的响应得到的倒谱如图 4-22 所示。识别得到轴承缺陷的频率为 234Hz，位于频率范围的前 5%。可见，缺陷轴承振动信号的倒谱，与健康轴承振动信号的倒谱有着显著区别。

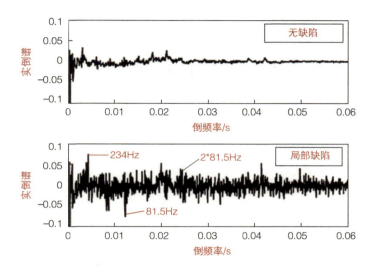

图 4-22　健康和缺陷滚动轴承产生的振动信号的倒谱

倒谱作为一个很有用的工具，可以用来对诊断信号的长周期进行探测，尤其是由滚动轴承产生的信号。倒谱一般不用来对缺陷的严重程度进行量化评价，而是用于探测缺陷的出现。倒谱中倒谐波的起源，即是源于谐波还是边频，可以通过它们的正负来评估。

第 5 章
变速器系统频谱

5.1 变速器振动噪声源概述

变速器系统的主要噪声源来自齿轮和轴承。对于轴承,最常见的类型是各种滚动轴承;对于齿轮,由于渐开线齿轮可以将驱动齿轮的角速度按照齿比准确地传递给被驱动齿轮,并且齿比对中心距不敏感,因此这里重点讨论渐开线齿轮。

5.1.1 轴承噪声

变速器中常用的轴承类型是滚动轴承,如深沟球轴承、圆柱滚子轴承等,而滑动轴承则应用较少。轴承对振动和噪声的影响主要包括两个方面[8]:①轴承本身是一个严重的振动和噪声源;②作为齿轮轴和变速器壳体的连接构件,轴承受到各种力的激励并进行传递,从而产生振动和噪声。

对于滚动轴承,其噪声的产生机理主要包括以下几个方面:

1) 轴承几何形态缺陷引起的振动和噪声。主要指由轴承终加工后存在的波纹度所引起的,以及由滚动体和沟槽表面的损伤所引起的振动和噪声。

2) 轴承因负荷引起周期性弹性变形所造成的振动噪声。原因是在运行中对轴承施加了径向或轴向负荷,但这种振动是比较次要的。

3) 单个轴承的噪声。试验表明,轴承的振动加速度大,则其噪声也会大。此外,出现在频谱图上的噪声主峰频率和轴承外套圈的固有频率常常是一致的。由轴承偏心引起的噪声,其基频为轴承的转频;由轴承不圆度(主要是椭圆度)引起的噪声,其频率为两倍的转频。

4) 轴承噪声的频率特性。由波纹度动力脉冲引起的振动噪声是没有严格周期的高频振动,在一个比较宽的频带内都有反映。

下面重点对滚动轴承几何缺陷引起的频谱部分进行详细介绍[7]。

若滚动轴承的工作表面是理想平滑的、没有任何缺陷,那么就不会产生振动和噪声的激励。新生产出来的滚动轴承运行平稳,没有任何因缺陷或滚道、滚动体的不完美引起的振动。滚动体在内外滚道内滚动时,只有很小的滚动阻力,并且几乎没有滑动。

滚动轴承振动噪声的基本特征要么是纯音，要么是宽频带的。由于滚动体本身以及其在内外滚道运行时发生的材料疲劳，使得滚动轴承会产生局部缺陷。材料疲劳是周期性剪应力的结果，这些应力出现在承受载荷作用的滚道表面之下。轴承运行一定周期后，这些应力就会引起裂纹，并逐步扩展至表面，这种现象称为剥落。当剥落逐渐增多后，就使得轴承发生故障。

滚动轴承的逐步破坏包括四个阶段。第一个阶段的现象是在超声频率范围内；第二个阶段的特征是产生了可听频率范围之外的频谱部分；第三个阶段为脉冲力的响应，此力是由滚动体经过滚道表面的缺陷点时引起的；破坏的最后一个阶段是引起了一个随机宽带的振动，滚动轴承彻底被破坏。

新制造且健康的轴承若存在振动噪声问题，多半是由生产过程中的瑕疵引起的。由于内外滚道并非完全刚性，因此在其固定后进行磨削加工时会产生轻微变形。这就使得内外环和滚道磨削后不再是圆形，而是在夹具松开固定之后变成了一个有三个凸峰的椭圆形，如图 5-1 所示。

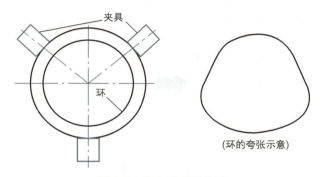

图 5-1　加工造成的变形

这种由于变形产生的激励会被结构共振放大，并使基础频率的谐波部分（相当于滚道或滚动体的一个缺陷）出现在振动噪声的频谱中。由于三个凸峰产生的不圆度的存在，使得其频率与基础频率的关系是 3 的整数倍。如果需要设计一款噪声足够小的变速器时，轴承作为一个噪声源必须要考虑。

1. 轴承缺陷频率的计算

滚动轴承主要载荷力的方向包括径向力和止推力。推力轴承可以承受轴向的止推力，而径向轴承则主要承受径向力。常见的滚动体有 5 种：深沟球、圆柱滚子、滚针、圆锥滚子和球形滚子。通常会对内外滚道和滚动体上的缺陷引起的脉冲频率进行关注和计算。轴承结构和滚动体单元类型的不同是由接触角定义的。我们先对一个深沟球轴承进行介绍，如图 5-2 所示。

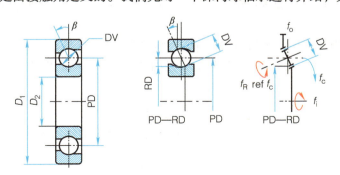

图 5-2　深沟球轴承

轴承的各主要参数描述见表5-1。

轴承中心轴线和滚球直径中心的两倍距离称为轴承节圆直径PD，其可以通过轴承外径和轴孔直径计算得到：

表 5-1 球轴承各参数描述

轴承外径	D_1
轴承内径	D_2
轴承节圆直径	PD
深沟球直径	DV
接触角	β
DVcosβ	RD
滚动体数目	n

$$PD = \frac{D_1 + D_2}{2} \quad (5.1)$$

接触角β是在一个包含轴承中心轴线和滚球中心的平面内定义的，即轴承径向和滚球两个接触点连线之间的夹角，这里的两个接触点指的是滚球与内外滚道之间的接触点。

为了消除滚球和滚道之间接触的松动，接触角β通常会有一个初始值。为了使深沟球轴承能够平滑转动，在其径向会有轻微的松动，称为径向游隙，存在于滚球和轴承外圈之间。当深沟球轴承受到轴向载荷时，接触角会增大，如图5-3所示。

圆柱滚子轴承和圆锥滚子轴承的接触角不会随着轴向力的变化而改变。其中，圆柱滚子轴承β为0，圆锥滚子轴承的β与轴承和滚动体轴线之间的角度相同，如图5-4所示。

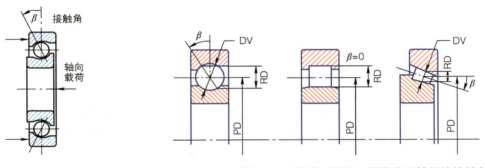

图 5-3 有轴向载荷时的轴承接触角　　图 5-4 深沟球轴承、圆柱滚子轴承和圆锥滚子轴承的接触角

为了计算由滚道或滚动体表面缺陷引起的频率，引入以下频率：①轴承内圈相对于轴承座的转动频率f_i；②轴承外圈相对于轴承座的转动频率f_o；③轴承保持架相对于轴承座的转动频率f_c；④滚球相对于轴承保持架的转动频率f_R。

频率的符号决定了转动的方向。保持架频率f_c反映了滚球或组合好的保持架的转速。因为轴承安装在变速器壳体的轴承座上，所以频率$f_o = 0$。

下面介绍由缺陷引起的频率计算。对于无滑动的滚动，可以虚构两对齿轮啮合来模拟深沟球轴承，如图5-5所示。

令滚球及内外圈的转动频率都参考保持架，则在图5-5中保持架的转动频率为0。

这里，虚构的啮合齿轮的齿比由齿轮的直径确定，而非它们的齿数。内圈滚道在径向上的距离记为RD，由下式给出：

$$RD = DV\cos\beta \quad (5.2)$$

式中，DV是滚球的直径。滚球转动频率和内圈相对于保持架的转动频率之比如下：

$$f_R/(f_i - f_c) = -\frac{PD - RD}{DV} \quad (5.3)$$

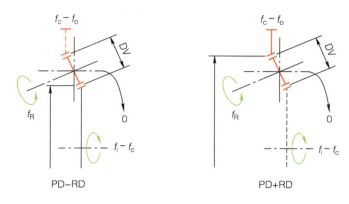

图 5-5 使用两对虚构齿轮啮合模拟深沟球轴承

同样，外圈转动频率和滚球相对于保持架的转动频率之比为

$$\frac{f_c - f_o}{f_R} = \frac{-DV}{PD+RD} \tag{5.4}$$

用式（5.4）除以式（5.3）可得

$$\frac{f_c - f_o}{f_i - f_c} = \frac{PD-RD}{PD+RD} \tag{5.5}$$

若记 RD/PD 为参数 x，则

$$x = \frac{RD}{PD} = \frac{DV}{PD}\cos\beta \tag{5.6}$$

因此，式（5.5）转化为

$$\frac{f_c - f_o}{f_i - f_c} = \frac{1-x}{1+x} \tag{5.7}$$

2. 基础副频率计算

保持架转动频率被称为基础副频率 f_{FTF}，实际中并不常见，但当存在一些缺陷影响了保持架转速时就会出现这个频率。保持架转动频率可由下式计算：

$$f_{FTF} = f_c = \frac{f_o(1+x) + f_i(1-x)}{2} \tag{5.8}$$

3. 滚子通过外圈频率 f_{BPFO}

滚子在经过一个局部缺陷时会产生一个脉冲力，从而激励起弱阻尼结构的振动，并在高频处发出嗡嗡声。轴承的结构振动通常会在下一个脉冲力发生之前就衰减，但这种高频声的重复周期对于轴承缺陷的定位很重要。

轴承外圈的转动频率相对于保持架的转动频率等于 $f_c - f_o$，这里的 f_c 是保持架的转动频率，f_o 是外圈的转动频率。滚子通过外圈频率 f_{BPFO} 是滚子经过外圈缺陷的频率。n 个滚动体时，这个频率就是 n 倍的频率差 ($f_c - f_o$)，由此可得

$$f_{\text{BPFO}} = n(f_c - f_o) = \frac{n(f_i - f_o)(1-x)}{2} \qquad (5.9)$$

本质上，计算 f_{BPFO} 就是计算内圈转一圈的时间内、有几个滚子通过了外圈的故障点。若以相关的尺寸表示，可推导如下：

相对于静止的外圈，滚子绕外圈轴心旋转时，转角 θ 为

$$\theta = \omega_b T = \frac{T\omega_b(D-d)}{2D} = \pi\left(1 - \frac{d}{D}\right) \qquad (5.10)$$

则单个滚子就相当于绕着轴心转了 $(1 - d/D)/2$ 圈（也就是 $\theta/2\pi$），即相当于与故障点接触了 $(1 - d/D)/2$ 次。滚子个数为 n 时，则相当于各滚子总共与外圈接触了 $n(1 - d/D)/2$ 次，因此：

$$f_{\text{BPFO}} = \frac{fn(1-d/D)}{2} \qquad (5.11)$$

式中，f 为内圈的转动频率；ω_b 为滚子绕轴旋转的角速度；d 为滚子直径；D 为两个对称滚子中心距；T 为转一圈的时间周期。

4. 滚子通过内圈频率 f_{BPFI}

轴承内圈的转动频率相对于保持架的转动频率等于 $f_i - f_c$，这里 f_i 是内圈的转动频率。滚子通过内圈频率 f_{BPFI} 是滚子经过内圈缺陷的频率。n 个滚动体时，这个频率就是 n 倍的频率差 $(f_i - f_c)$，可得

$$f_{\text{BPFI}} = n(f_i - f_c) = \frac{n(f_i - f_o)(1+x)}{2} \qquad (5.12)$$

同样，f_{BPFI} 本质上就是计算内圈转一圈的时间内、有几个滚子通过了内圈的故障点。内圈转一圈，滚子绕内圈轴心旋转，相对于内圈的转角为

$$\theta = (\omega_i - \omega_b)T = \frac{T\omega_i(D+d)}{2D} = \pi\left(1 + \frac{d}{D}\right) \qquad (5.13)$$

因此，当用相关尺寸表示时，可得 f_{BPFI} 为

$$f_{\text{BPFI}} = \frac{fn(1+d/D)}{2} \qquad (5.14)$$

式中，f 为内圈的转动频率；ω_b 为滚子绕轴旋转的角速度；ω_i 为内圈旋转的角速度；d 为滚子直径；D 为两个对称滚子的中心距。

5. 滚子自旋频率 f_{BSF}

如果滚子上存在缺陷，则我们可以假定滚子缺陷影响了两个滚道中的其中一个，或两个都有。如果只对一个滚道有影响，则脉冲激励的频率称为滚子自旋频率 f_{BSF}，其值等于滚子转动频率相对于保持架的转动频率，即

$$f_{\text{BSF}} = f_R = \frac{0.5\cos\beta(f_i - f_o)(1-x^2)}{x} \qquad (5.15)$$

将各计算频率转化为以相关尺寸表示，并汇总如下：

$$f_{\text{BPFO}} = \frac{n}{2}(f_i - f_o)\left(1 - \cos\beta \frac{\text{DV}}{\text{PD}}\right) \tag{5.16}$$

$$f_{\text{BPFI}} = \frac{n}{2}(f_i - f_o)\left(1 + \cos\beta \frac{\text{DV}}{\text{PD}}\right) \tag{5.17}$$

$$f_{\text{BSF}} = 0.5(f_i - f_o)\frac{\text{PD}}{\text{DV}}\left[1 - \left(\cos\beta \frac{\text{DV}}{\text{PD}}\right)^2\right] \tag{5.18}$$

$$f_{\text{FTF}} = f_c = 0.5\left[(f_i + f_o) - \left(\cos\beta \frac{\text{DV}}{\text{PD}}\right)(f_i - f_o)\right] \tag{5.19}$$

由于轴向力很难确定，因此球轴承的接触角和参数 x 估计如下：

$$x = \frac{\text{RD}}{\text{PD}} = \cos\beta \frac{\text{DV}}{\text{PD}} \approx 0.2 \tag{5.20}$$

对于圆柱滚子和圆锥滚子，接触角如图 5-4 所示，其滚动也并不是完全没有滑动。因此，各计算频率只是近似于理论值。需要特别注意的是，轴承缺陷引起的频率并不是转动频率的倍数。

5.1.2 齿轮噪声

变速器齿轮系统通常有多种运行状态，其中一种是这样的：齿轮不传递转矩，只在背隙范围内动作，此时就会产生敲击。当然，这不是变速器主要的运行模式。因此，在描述主要的噪声源时，通常假定齿轮都处于啮合之中。啮合时，每对齿轮先在一个点上进行接触，然后在轴向相向滑动。典型的齿轮振动是这样产生的：当滚动轴承的滚道上存在缺陷时，齿轮副进入啮合后引起了一个小的机械冲击，从而产生结构振动，并且通过变速器壳体进行传递。这些振动脉冲的频率可以通过测量得到，但因为变速器结构的共振频率很多，所以结构性共振很难确定，不过它们都与变速器或齿轮的单个部件不相关。对于滚动轴承缺陷的情况，机械冲击通常不会伴有阻尼振动（见章末 Note1）。

变速器的振动可以解释为一种被称为参数激励振动（见章末 Note2）的现象。如果单个齿在啮合中交替参与，那么根据啮合齿轮对的数目，啮合的刚度就会发生变化。而且，齿面接触点在径向也会发生移动。毫无疑问，当参与啮合的齿对数发生改变时，啮合刚度也会改变。对于直齿轮，通常会有一对或两对齿轮交替进入啮合。啮合刚度与转动角度的关系如图 5-6 所示。

在这里，引入了无量纲参数 ε_α，即端面重合度，可以大致表明啮合循环中参与啮合的平均齿数。

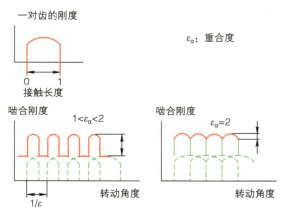

图 5-6 啮合刚度与转动角度的关系

图 5-6 中还对比了不同重合度时，啮合刚度随转角的变化。当 $1 < \varepsilon_\alpha < 2$ 时，称为低重合度（LCR）；$\varepsilon_\alpha > 2$ 时称为高重合度（HCR）。显然，重合度高时对应的齿轮啮合刚度变化小，由此

产生的参数振动激励也就很少。

描述齿轮系统动态啮合行为的理论数学模型有很多，其中比较简洁的一个模型如图 5-7 所示。两个齿轮通过一个弹簧-阻尼系统连接起来，其旋转运动方程如下：

$$J_1\ddot{\varphi}_1+b(t)(\dot{\varphi}_1-\dot{\varphi}_2)+c(t)(\varphi_1-\varphi_2)=M_1 \tag{5.21}$$

$$J_2\ddot{\varphi}_2+b(t)(\dot{\varphi}_2-\dot{\varphi}_1)+c(t)(\varphi_2-\varphi_1)=M_2 \tag{5.22}$$

式中，M_1 和 M_2 是转矩；φ_1 和 φ_2 是转角；J_1 和 J_2 是转动惯量；b 和 c 分别是阻尼和齿的接触刚度。

对于模拟齿变形的运动方程，其形式如下：

$$x=x_1+x_2=r_1\varphi_1+r_2\varphi_2 \tag{5.23}$$

式中，r_1 和 r_2 为节圆半径。因此，旋转运动方程可以简化为如下形式：

$$m_{RED}\ddot{x}+b(t)\dot{x}+c(t)=\frac{M_1}{r_1}-\frac{M_2}{r_2} \tag{5.24}$$

式中，m_{RED} 为简化质量：

$$m_{RED}=\frac{J_1J_2}{J_1r_2^2+J_2r_1^2} \tag{5.25}$$

输入输出转矩之间的平衡状态为

$$M_2+M_1\frac{r_2}{r_1}=0 \tag{5.26}$$

这样，式（5.24）的右侧就变为 0。微分方程的右侧为 0，则意味着振动不是强迫振动或自由振动，而是自激振动。由于阻尼系数和刚度是时间的周期函数，于是就产生了非稳态微分方程的周期解。其中，系数和方程的解的周期均为 $T_{GMF}=1/f_{GMF}$，这里 f_{GMF} 是齿轮的啮合频率。图 5-7 中弹簧的周期性变形引起了齿轮轴的角振动，角振动和齿轮的惯量又引起了作用在齿间的动态力[9]。

从主动齿轮传递到从动齿轮的机械能量是通过加在作用线上的力 F_T 实现的。这个力又通过一个大小相等、方向相反、作用在轴支承点的力 F_S 平衡。力 F_T 和 F_S 共同作用在从动齿轮上就产生了力矩，如图 5-8 所示。

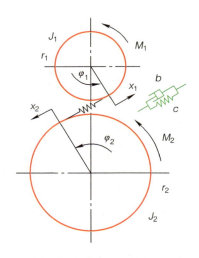

图 5-7 齿轮副的传动简图

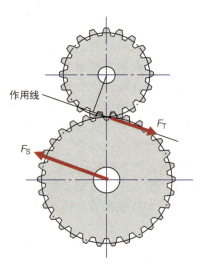

图 5-8 力矩的产生示意图

齿轮的接触刚度不是一个定值，而是随着啮合频率变化的。接触刚度的变化又引起了从动齿轮的自激角振动，并产生了随时间变化的力 F_T 和 F_S。这些作用在轴支承点上的力也是动态的，由此产生了变速器壳体振动的激励，并辐射出噪声。

齿轮的啮合接触不是一个点而是一条直线，且力在这条线上的分布并不是均匀的。齿轮副角振动和线振动之间的关系可以用图 5-9 所示的例子说明。图中两个加速度信号的频率相同，都是转速的 100 倍。

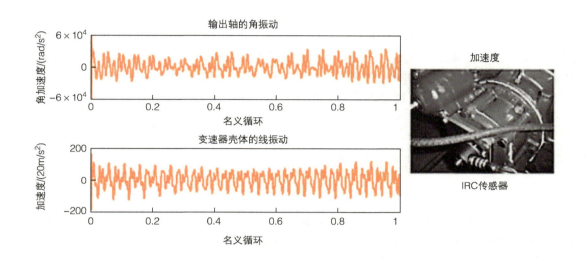

图 5-9　角振动到变速器壳体线振动的传递

通过一个布置在轴承位置的加速度传感器，可以测得壳体的线振动加速度，传感器的方向垂直于齿轮轴；角加速度是通过一个增量化旋转编码器（IRC）测得的。

5.2　变速器的频谱特征

根据齿轮的定义，齿轮是指在齿坯周向上有齿的机械元件，齿轮通过这些齿将转矩传递到另一个齿轮或齿条。同时，这些轮齿也保证了转动时无滑动。齿轮副的类型有很多，但这里我们主要关注齿轮啮合循环中的频率[7]。

变速器是做旋转运动的机器，其产生的噪声是纯声噪。这就意味着噪声频谱是由离散频率的正弦部分组成的，且背景噪声水平较低。由于辐射噪声源于变速器振动，所以振动频谱与噪声频谱的成分相同。旋转机械的基频是转频 f_0(Hz)，由每秒的转数确定。齿轮的敲击频率或啮合刚度的变化，都是基于齿轮转速进行计算得到的，而齿数 n 则用于齿轮啮合频率 f_{GMF} 的计算，如下式所示：

$$f_{GMF} = n f_0 \tag{5.27}$$

一对啮合齿轮就是一个简单的齿轮副，其只有一个啮合频率。啮合齿轮副可以通过一个中间齿轮进行随意扩展，这个中间齿轮插入到两个齿轮之间，并分别与它们啮合，但其不会影响啮合频率。

复杂的齿轮系统通常由多个齿轮副组成，如图 5-10 所示，其包含两个平行轴、一对啮合齿轮（n_1、n_2）和另一个齿轮（n_3），以及与 n_3 啮合但没有显示出来的齿轮。齿数为 n_1 的齿轮固定在一轴上，齿数为 n_2 的齿轮固定在二轴上，两齿轮为外啮合。齿数为 n_3 的第三个齿轮也固定在二轴上。一轴的转速记为 f_1，二轴的转速记为 f_2。

考虑齿轮的旋转方向，二轴的转速由下式给出：

$$f_2 = -\frac{f_1 n_1}{n_2} \quad (5.28)$$

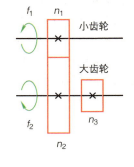

图 5.10 复杂齿轮系统

式中，负号表示转动方向相反。齿数 n_1 与 n_2 的比值称为齿轮副的速比。啮合齿轮副中齿数少的齿轮称为小齿轮（pinion），齿数多的齿轮称为大齿轮（wheel）。

图 5-10 齿轮系统中所有齿轮的啮合频率如下：

$$\begin{aligned}
f_{n_1} &= n_1 f_1 \\
f_{n_2} &= n_2 f_2 = -n_1 f_1 = -f_{n_1} \\
f_{n_3} &= n_3 f_2
\end{aligned} \quad (5.29)$$

对于任意齿数 n_1 和 n_2，啮合齿轮的啮合频率绝对值是一样的，而当齿数不同时（n_2 和 n_3），相应齿轮的啮合频率就不相同。对于单边频谱（见章末 Note3）来说，啮合频率的符号并不重要。对于每秒的齿轮敲击或啮合循环数的描述，用正频率已经足够。

为了增加主动齿轮和从动齿轮的轴间距离，可以在齿轮之间布置一个惰齿轮，这样既不改变速比，也不会改变啮合频率，还保持了原齿轮副的旋转方向。

变速器系统中的频谱成分通常包含以下几个部分：
① 轴转速的低谐波。
② 基础啮合频率的谐波及其边频。
③ 次谐波。
④ 追逐齿频率。
⑤ 幽影频率。
⑥ 行星齿轮中信号的周期性。

此外，还有转子的临界转速、齿轮的敲击与啸叫、轴系的扭振和转子涡动等振动噪声特征，将在后面的章节进行详细阐述。

5.3 轴转速的低谐波

此低谐波成分源于旋转质量的不平衡、支承位置的安装有错位以及轴的弯曲，并产生了低频振动。但由于进行了频率 A 计权，因此其对变速器噪声没有影响。它关注的是通过离合器连接到变速器的设备，如发动机或其他驱动设备。如果转速部分在振动频谱中占主导，那么就要关注其原因。一组旋转频率的低谐波可以表明两根轴的平行度和角偏差，且二者相互联系。

这里重点介绍两个方面：旋转质量不平衡和轴的弯曲。

5.3.1 旋转质量不平衡

对于变速器前副箱至主箱的一轴及其齿轮，或后副箱中驱动液力缓速器的轴及其齿轮等，都呈现悬臂转子的形态。

当悬臂旋转质量不平衡时，在频谱图中就会出现径向和轴向方向上 1 倍的转速频率，如图 5-11 所示。

5.3.2 轴的弯曲

变速器后副箱采用行星齿轮的结构时，有些档位下，行星齿轮机构会作为一个整体进行转动。此时的结构相当于转子通过轴支承在两端。当轴的刚度不足时，就会发生轴弯曲现象，如图 5-12 所示。

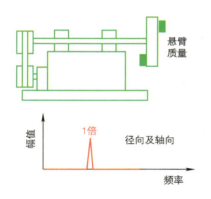

图 5-11　悬臂旋转质量不平衡

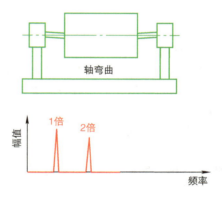

图 5-12　轴弯曲现象

弯曲的轴会产生较大的振动。若弯曲接近轴的跨度中心，则 1 倍转速频率占主导；若弯曲接近轴的两端，则 2 倍转速频率占主导。

5.4 啮合频率的谐波及边频

作用在齿间的动态力，其时间历程并不是正弦函数，但却常理想化为一个周期函数。正是这个原因，由齿轮啮合产生的振动噪声频谱中包含了基础啮合频率的多个谐波，且由于啮合频率及其谐波频率都在人耳的可听范围之内，所以都可以清晰地听出来。出于分析的目的，测量的频率范围最多需要捕获基础啮合频率的五个谐波。

一个瞬时频谱的例子如图 5-13 所示[7]，其中 GMF 为齿轮啮合频率。图中的频谱是瞬时的，没有进行平均处理。最大频率设置在 3.2kHz，A 计权。该噪声信号是变速器在带载升速状态时测得的。试验在半消声室中进行，传声器布置在变速器侧方 1m 处。为了计算啮合频率，需要知道变速器任一轴的瞬时转速。分析对象是一个三档变速器，其通常会有三组不同的啮合频率谐波集，啮合频率又和各带载齿轮副相关，因为带载齿轮产生了大多数的振动并辐射出噪声。

由图 5-13 可知，只有 2/3 的谐波集在频谱中占主导，分别为 GMF1 和 GMF2。而由于齿轮的转速慢，产生的噪声水平低，因此第三谐波组被淹没在了背景噪声的频谱中。需要注意的是 A 计权的影响。此外，500Hz 以下的频谱都不重要。

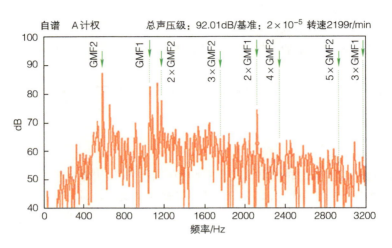

图 5-13　某三档货车变速器的噪声频谱

当进行声频谱测量时，经常会考虑等比带宽类型（Constant Percentage Band，CPB）的信号分析。这些测量包括：基础啮合频率的谐波及其边频（由调制产生）；啮合轴系的振动噪声（其源于参数自激，而参数自激又来自于啮合循环中齿轮接触刚度随时间的变化）；齿轮啮合的偏差；载荷和转速的不均匀。

CPB 分析又称为实时分析或 1/3 倍频分析。我们知道，FFT 分析对应的是线性频率范围，意味着离散频率是等间距的；而 CPB 分析对应的是对数频率范围。CPB 分析的频率范围的特征是恒定的相对带宽，其是由绝对带宽与中心频率的比值定义的。声压信号的 RMS 值就属于这种频率带。

图 5-14 显示了一个 1/3 倍频程和 1/24 倍频程频谱的例子。很明显，这种类型的分析不能像 FFT 那样单独分离出单个的频谱信号。

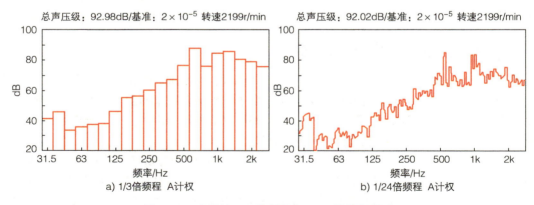

图 5-14　声压的 1/3 倍频程和 1/24 倍频程频谱

齿轮副的运行状态通常不是恒稳定的。在转动过程中，齿轮传递的转矩和转速都在变化，并引起了频谱中谐波部分的调制。而调制又产生了与中心频率（或载波频率）相关的边频部分，在这里即是啮合频率的谐波。在一个完整循环中，传递转矩的变化引起了正弦振动或噪声信号的幅值调制，而角速度的变化则引起了相位调制，且二者是同时发生的。齿轮的啮合频率和转动频率，相当于无线电传输中的载波信号和调制信号，两种情况都可以通过调制建模。转矩的变化引起了作用在齿间的动态力成比例地变化，由此引起了变速器壳体表面的振动并辐射出噪声。

如果几个齿轮在啮合时，转动频率不同但啮合频率相同，则啮合频率的边频所包含的等距的集合数目、等于各不同转动频率的数目。载波频率可以等于啮合频率的任何谐波。

图 5-15 显示了由调制产生的边频，齿轮布置和图 5-10 相对应。齿轮的转动频率定义为 f_1 和 f_2，载波部分的频率为 f_C。由于载波和边带的幅值相差很大，所以图 5-15 中使用了分贝来表示（上边带和下边带释义见章末 Note4）。

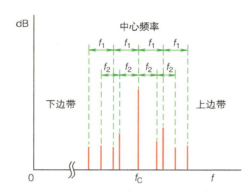

图 5-15　由调制产生的边频

关于载波频率对称的边频部分，其幅值通常是不同的，这些不同依赖于幅值调制信号和相位调制信号之间的相位偏移。如果两个信号是同相位的，则对称部分的幅值相同；如果两个信号之间有相位偏移，即反相位，则幅值不同，如图 5-16 所示。理论上，相位调制会产生无限多个边频部分，但简便起见，这里只显示了高低各一个边频。

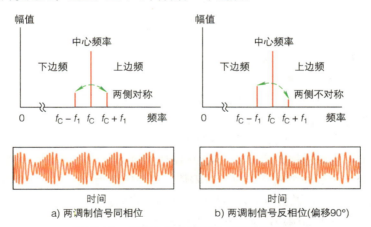

图 5-16　幅值和相位调制信号的边频部分

某变速器的振动频谱如图 5-17 所示，其中心频率是啮合频率，选取的频率范围为 200Hz，从而可以使边带部分显示出来。图中的频谱类型是细化谱（zoom type），但其起点不是从 0Hz 开始，而是围绕选定的中心频率扩展确定。

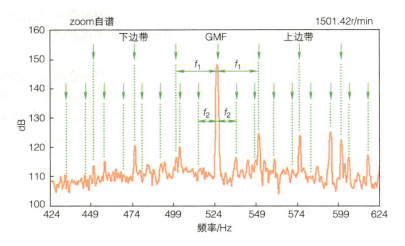

图 5-17 变速器振动的细化频谱

5.5 次谐波部分

基础频率（齿轮转频）的分数频率被称为次谐波频率[7]。齿轮接触动力学的非线性模型认为，啮合接触刚度的非线性是压力的函数，并贡献了齿共振频率一半的激励。对于乘用车变速器，高转速时会发生这种现象，但发动机噪声会覆盖变速器噪声；对于商用车变速器，转速不会很高，所以一般不会发生这种齿共振。

5.5.1 追逐齿频率

追逐齿频率指齿轮上的某个齿总是与另一个齿轮上某个特定的齿相啮合的现象，即"追逐"，所以称这种类型的啮合频率为追逐齿频率 f_{HTF}：

$$f_{HTF} = \frac{f_{GMF} \times \gcd(n_1, n_2)}{n_1 n_2} \tag{5.30}$$

式中，f_{GMF} 为齿轮啮合频率；$\gcd(n_1,n_2)$ 是两个齿轮的齿数 n_1 和 n_2 的最大公约数，如果 n_1 和 n_2 互为质数（见章末 Note5），则其值为 1。

可见，如果一对齿轮副中两个齿轮的齿数有一个公约数，那么相同的两个齿的啮合将更频繁。若有一对齿啮合不良，则在它们相遇时就会产生一次较大的冲击，且这对齿轮在经过一定转数或时间（即追逐齿频率的倒数）后会再次相遇。因此，其中一个有自身缺陷的齿会重复地冲击另一个齿轮上与它固定相遇的好齿，从而引起这个好齿的局部不均匀磨损越来越严重，产生的噪声也随之变大；而如果两个齿数互为质数，则公约数为 1，在一个周期内，每个齿只接触其他齿一次，频率更小，说明两个齿再次相遇的周期将更长。

正常情况下，在变速器噪声的频谱中，追逐齿频率的影响微不足道，要找出 f_{HTF} 需要极高的频率分辨率。

5.5.2 轴承油膜失稳的影响

如果机器中装有滑动轴承，在一定条件下，振动频谱中可能会出现一些频率为 0.42~0.48

倍转子转速的次谐波部分。当转子转速超过了一些依赖于径向间隙和机油黏度的限值时，转子将开始出现失稳现象。这被认为是由油膜厚度或流体诱导的不稳定性，通常参考机油涡动进行分析。

5.6 幽影频率

幽影频率在数值上等于转速的整数倍，其看起来像是啮合频率，但在变速器中却找不到对应这个齿数的齿轮，如同幽灵一般的存在，这也是其名称的由来[7]。

齿轮切削机上的分度轮在切削加工时会存在误差，这是幽影频率产生的主要原因，尤其是使用了连续偏移磨削方法的齿轮磨削机器，其工作简图如图 5-18 所示。图中齿坯进行了两个互连的耦合运动：绕轴的旋转和沿齿坯轴线的移动。齿坯耦合运动之间的传动比误差，使得在加工出的齿面上有规律地产生了一些波纹。其中，齿周向上波纹印迹的数目，等于分度轮的齿数。

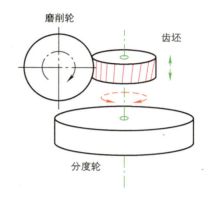

图 5-18 齿轮加工的连续偏移磨削方法

此外，上面提到幽影频率是转速的整数倍，这个整数在数值上也等于切削机分度轮的齿数。由于分度轮齿数很大，因此幽影频率相当于高频的纯音，也就是令人烦躁的纯音啸叫声，一般出现在新产品中。

磨削机器的分度轮齿数一般为 200 或 144。如前所述，要想证明幽影频率是转速的如此高的一个整数倍是比较困难的。此外，幽影频率的周围有很多边频，而且它们可能是不对称的。因此，寻找这个整数倍的一个好方法是使用阶次分析。

幽影频率的识别常用两种方法：

① 阶次分析，即通过阶次线确定幽影频率与转频的倍数关系，若该倍数不是变速器内任何齿轮的齿数或其整数倍，或发现一个频率及其谐波找不到来源，则有可能就是幽影频率。

② 基于载荷，由于幽影频率对载荷不敏感，因此可在不同的载荷下进行振动数据采集和频谱分析，幅值变化较大的为啮合频率，变化不大的即为幽影频率。

由于磨削加工导致的波纹幅值一般都很小，所以由此产生的幽影频率通常会在齿轮磨合后消失。

5.7 行星齿轮上的信号

行星齿轮机构通常由行星轮、行星架、太阳轮和齿圈组成。其中，行星轮除了能像定轴齿轮那样围绕着自己的转动轴转动之外，它们的转动轴还可以随着行星架绕其他齿轮（太阳轮）的轴线转动。

行星齿轮机构分为单排和多排，简单的单排行星齿轮结构是变速机构的基础，其结构包括一个太阳轮、若干个行星轮和一个内齿圈。其中，太阳轮一般固接一根转动轴，行星轮则由行星架的固定轴支承，允许行星轮在支承轴上转动。行星轮和太阳轮、内齿圈总是处于常啮合状态，特殊情况下三者也可作为一体旋转。

啮合频率的计算将会使用一个简单的单排行星轮系机构，如图 5-19 所示 [7]。

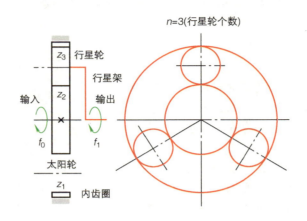

图 5-19　简单的行星轮系机构

其中，行星轮与太阳轮和内齿圈（内侧有齿）同时啮合。整个行星变速器会降低太阳轮输入轴的转速，其输出轴的转速与行星架转速一致，内齿圈固定在变速器壳体上不动。设内齿圈、太阳轮和行星轮的齿数分别为 z_1、z_2 和 z_3，行星轮的数目为 n。变速器转动部分的相关频率如下：

① 太阳轮相对于变速器壳体的转动频率为 f_0（即输入频率）。
② 行星架相对于变速器壳体的转动频率为 f_1（即输出频率）。
③ 行星轮相对于行星架的转动频率为 f_P。

太阳轮相对于行星架的转动频率为 $f_0 - f_1$，内齿圈相对于行星架的转动频率为 $0 - f_1$，也就是 $-f_1$。考虑到太阳轮和行星轮啮合，而行星轮又与内齿圈内啮合，因此，它们的齿比关系为

$$\frac{f_P}{f_0 - f_1} = -\frac{z_2}{z_3}$$

$$-\frac{f_1}{f_P} = \frac{z_3}{z_1} \quad (5.31)$$

也就是相对转动频率之比等于相应齿数的反比（负号表示方向相反）。从上面两个等式中，我们可以估计出 f_P，并可以得到行星减速变速器的齿比（即减速比）：

$$\frac{f_1}{f_0} = \frac{z_2}{z_1 + z_2} \quad (5.32)$$

由此可得行星架的输出转频 f_1 为

$$f_1 = f_0 \frac{z_2}{z_1 + z_2} \quad (5.33)$$

除了上述频率外，在行星变速器辐射出的振动或噪声信号的频谱中，还可以找到由于调制产生的啮合频率的低频成分或边频成分。当任意一个齿轮的某个齿上存在缺陷，且缺陷齿轮参与到与其他齿轮的啮合循环时，就会产生下面这些频谱成分：

① 内齿圈任一齿与行星轮的啮合频率 f_2。

② 太阳轮任一齿与行星轮的啮合频率 f_3。
③ 行星轮任一齿与太阳轮或内齿圈的啮合频率 f_4。

由于内齿圈相对于行星架的转动频率为 $-f_1$，行星轮的数目为 n。则可得内齿圈任一齿与行星轮的啮合频率 f_2 为（仅考虑数值大小）：

$$f_2 = f_1 = n f_0 \frac{z_2}{z_1 + z_2} \tag{5.34}$$

由于太阳轮相对于行星架的转动频率为 $f_0 - f_1$，行星轮的数目为 n。则可得太阳轮任一齿与行星轮的啮合频率 f_3 为

$$f_3 = (f_0 - f_1) = n f_0 \frac{z_1}{z_1 + z_2} \tag{5.35}$$

太阳轮任一齿与行星轮的啮合频率是指每秒太阳轮与行星轮的啮合次数。

由于行星轮相对于行星架的转动频率为 f_P，因此行星轮任一齿与太阳轮或内齿圈的啮合频率 f_4 与 f_P 相等，由此可得

$$f_4 = f_P = f_1 \frac{z_1}{z_3} = f_0 \frac{z_1}{z_3} \cdot \frac{z_2}{z_1 + z_2} \tag{5.36}$$

对于行星轮某一特定的齿，其与太阳轮及内齿圈的啮合和分离具有周期性，在频谱中就会出现一个两倍的 f_4 的频率部分。但由于 $2f_4$ 和 f_4 的关系很简单，因此在分析中通常不予考虑。基础频率 $f_0 \sim f_4$ 都是由齿轮啮合循环产生的，可用于振动噪声时间历程的评价。频率的倒数决定了时间间隔的长度，这些时间间隔代表了循环信号重复的周期。

除此之外，还有一些远高于 $f_0 \sim f_4$ 的频率集，它们也都和啮合循环的频率相关，包括：
① 单个行星轮和内齿圈的啮合频率 f_5。
② 所有行星轮和内齿圈的啮合频率 f_6。
③ 由于内齿圈齿距偏差（见章末 Note6）的存在，使得通过所有行星轮来驱动行星架时的功率流分布是不均匀的，由此产生的单个行星轮和内齿圈的啮合频率 f_7。

频率 f_5 是假定行星变速器只有一个行星轮，而频率 f_6 则要乘以行星轮的数目 n，这是因为此时每个行星轮的啮合相位通常会彼此偏移。如果所有啮合循环都是同相位的，则这个频率就不用乘以 n。但由于调制的影响，行星变速器的啮合频率会成倍地增加。此外，频率 f_5 和 f_6 不会总是出现在频谱中。

可参考行星轮系速比计算，将行星轮系转化为定轴轮系进行频率 f_5 的计算。则单个行星轮和内齿圈的啮合频率就等于行星轮的转动频率乘以其齿数，即

$$f_5 = f_P z_3 = f_0 \frac{z_1 z_2}{z_1 + z_2} \tag{5.37}$$

所有行星轮和内齿圈的啮合频率 f_6 即为

$$f_6 = n f_5 = n f_0 \frac{z_1 z_2}{z_1 + z_2} \tag{5.38}$$

如果内齿圈是一个不存在齿距偏差的完美齿轮，则所有行星轮在驱动行星架时的功率流分布是均匀的，此时各个行星轮上的载荷大小相同。但实际生产中，齿圈内侧齿在齿节圆上都会有由于制造产生的局部偏差，从而使得行星轮在驱动行星架时的功率流分布变得不均匀。其中，接近局部齿距偏差的行星轮将传递全部的机械功率，而其他行星轮传递的功率将减少甚至是0功率。当满载的行星轮经过有局部齿距偏差的齿轮对时，行星轮会变成空载齿轮。

行星轮的满载运行相当于一个齿数为 z_1/n 的内齿圈的转动。啮合循环数可能是个整数，因此，它是上述等效齿数 (z_1/n) 的整数部分。数学上，这个整数可以表达为 $[z_1/n]$。在行星架的一个完整循环中，所有的行星轮都依次承载了最大载荷，总共有 $n[z_1/n]$ 个啮合周期。因此，啮合频率 f_7 的计算如下：

$$f_7 = nf_0 \left[\frac{z_1}{n}\right]\left[\frac{z_2}{z_1+z_2}\right] \tag{5.39}$$

基于前五个基础频率 $f_0 \sim f_4$，给出了上述 $f_0 \sim f_7$ 的频率公式见表 5-2。表中每一行的频率表示依次用 $f_0 \sim f_4$ 来计算的其他频率。数学符号"$[\cdots]$"表示计算得到其整数部分。

表 5-2 行星轮系所有频率之间的关系

$f_0=$	f_0	$\dfrac{z_1+z_2}{z_2}f_1$	$\dfrac{1}{n}\dfrac{z_1+z_2}{z_2}f_2$	$\dfrac{1}{n}\dfrac{z_1+z_2}{z_1}f_3$	$\dfrac{z_3}{z_1}\dfrac{z_1+z_2}{z_2}f_4$
$f_1=$	$\dfrac{z_2}{z_1+z_2}f_0$	f_1	$\dfrac{1}{n}f_2$	$\dfrac{1}{n}\dfrac{z_2}{z_1}f_3$	$\dfrac{z_3}{z_1}f_4$
$f_2=$	$n\dfrac{z_2}{z_1+z_2}f_0$	nf_1	f_2	$\dfrac{z_2}{z_1}f_3$	$n\dfrac{z_3}{z_1}f_4$
$f_3=$	$n\dfrac{z_1}{z_1+z_2}f_0$	$n\dfrac{z_1}{z_2}f_1$	$\dfrac{z_1}{z_2}f_2$	f_3	$n\dfrac{z_3}{z_2}f_4$
$f_4=$	$\dfrac{z_1}{z_3}\dfrac{z_2}{z_1+z_2}f_0$	$\dfrac{z_1}{z_2}f_1$	$\dfrac{1}{n}\dfrac{z_1}{z_3}f_2$	$\dfrac{1}{n}\dfrac{z_2}{z_3}f_3$	f_4
$f_5=$	$\dfrac{z_1 z_2}{z_1+z_2}f_0$	$z_1 f_1$	$\dfrac{z_1}{n}f_2$	$\dfrac{z_2}{n}f_3$	$z_3 f_4$
$f_6=$	$n\dfrac{z_1 z_2}{z_1+z_2}f_0$	$nz_1 f_1$	$z_1 f_2$	$z_2 f_3$	$nz_3 f_4$
$f_7=$	$n\left[\dfrac{z_1}{n}\right]\dfrac{z_2}{z_1+z_2}f_0$	$n\left[\dfrac{z_1}{n}\right]f_1$	$\left[\dfrac{z_1}{n}\right]f_2$	$\left[\dfrac{z_1}{n}\right]\dfrac{z_2}{z_1}f_3$	$n\left[\dfrac{z_1}{n}\right]\dfrac{z_2}{z_1}f_4$

本质上，行星轮系啮合频率的计算是将其转化为定轴轮系后进行的。上述各啮合频率讨论的是将内齿圈固定的情况，此时行星轮系整体的一个啮合频率可表示为：太阳轮齿数 × 太阳轮相对转速 /60，其中太阳轮相对转速为太阳轮转速 ± 行星架转速，二者转速方向相同时取负号，相反时取正号。

同样，对于太阳轮固定的单排行星齿轮，轮系整体的啮合频率可表示为：内齿圈齿数 × 内齿圈相对转速 /60，其中内齿圈相对转速为内齿圈转速 ± 行星架转速，也是在二者转速方向相同时取负号，相反时取正号。

5.8 频谱包络分析

将不同频率的振幅最高点连接起来，形成的曲线称为频谱包络线[7]。频谱是许多不同频率的集合，形成一个很宽的频率范围，不同的频率其振幅可能不同。

值得注意的是，只有周期信号的频谱有包络线，这是因为周期信号的频谱是离散的，而非周期信号没有包络线，这是因为非周期信号的频谱是连续的。

如前所述，由工作表面的局部缺陷产生的振动信号源于一系列弱阻尼的结构振动。正是因为弱阻尼，才使得结构振动在冲击后迅速消失。频域内的主要频率是振动冲击持续期内的振动频率。振动发生的重复频率在频域内不易识别。

对于评价振动冲击的重复频率，在原始信号中更多相关的信息是其时域信号的包络。信号包络的频域中，主要的部分就是重复的频率。

一个在有局部缺陷的轴承上测得的径向振动信号的例子如图 5-20 所示，信号从一个有局部缺陷的圆锥滚子轴承外圈测得。

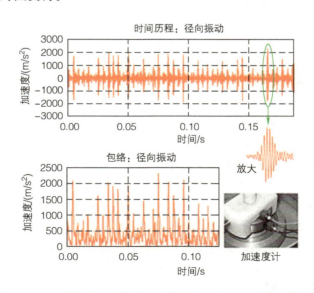

图 5-20 有局部缺陷的轴承上测得的径向振动信号的时间历程

对应的频谱如图 5-21 所示。如前所述，原始信号的频谱中包含了对应于结构响应的主要部分，而主要部分的频率在包络频谱中就是脉冲重复频率。

频谱包络主要用来发现轴承和齿轮啮合的早期故障。

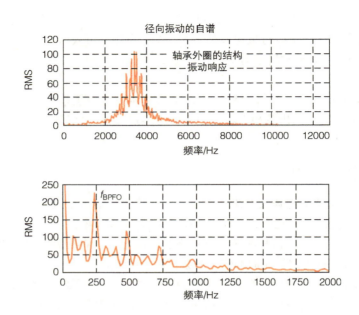

图 5-21　有局部缺陷的轴承上测得的径向振动信号的频谱

Note1. 阻尼振动

阻尼振动是指由于振动系统受到摩擦和介质阻力或其他能耗、而使振幅随时间逐渐衰减的振动，又称减幅振动、衰减振动。

Note2. 参数激励振动

参数激励振动指外激励通过周期性地改变系统的参数而引起的振动。参数振动由外界激励产生，但激励不是以外力的形式施加于系统，而是通过系统内参数的周期性改变间接地实现，属于非线性振动。

典型的例子是人站在秋千上荡秋千，要把秋千荡起来，人要适时地做出下蹲和直立的动作，即通过平衡位置时迅速直立，使重心升高；摆到最高位置时迅速蹲下，使重心降低。

Note3. 单边频谱和双边频谱

单边频谱是指频率只出现在大于零部分的傅里叶级数三角形式的幅度和相角；双边频谱是指频率从 $-\infty$ 到 $+\infty$ 的傅里叶级数指数形式的幅度和相角。

二者的关系如下：双边频谱的幅频呈偶对称，且大小是单边频谱的一半；双边频谱的相频呈奇对称，且大小等于单边频谱。也就是说，实际中，只会有单边频谱，不会有负频率的信号。在引入欧拉公式后，出现了双边频谱。单边谱转换为双边谱后，幅度会降低一半，其他保持不变。某信号的单边频谱和双边频谱如图 5-22 所示。

Note4. 上边带和下边带

以一个单音频 f_A 去调制载频 f_0 时，会得到三个基本频率成分：f_0+f_A、f_0、f_0-f_A。其中，高于 f_0 的频率称为上边频，低于 f_0 的频率称为下边频。

如果调制载频的 f_A 不是一个单音频，而是一群连续变化的音频信号，则高于 f_0 的频率就称为上边带，低于 f_0 的频率就称为下边带。

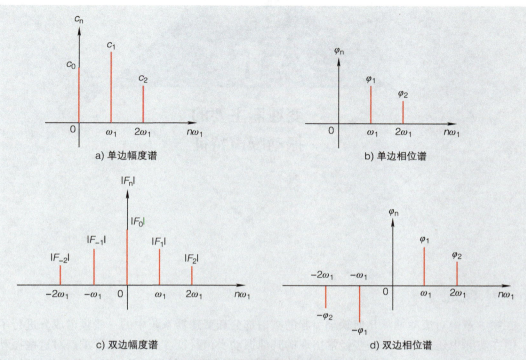

图 5-22 单边频谱和双边频谱

Note5. 质数

一个大于1的自然数,除了1和它自身外,不能被其他自然数整除的数叫作质数,又称素数;否则称为合数(规定:1既不是质数也不是合数)。

Note6. 齿轮齿距偏差

齿轮齿距偏差如图5-23所示:

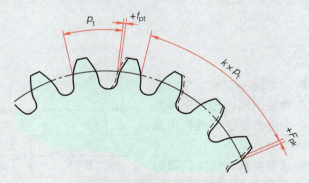

图 5-23 齿轮齿距偏差示意图

其中,虚线为理论值,实线为实际值,在以齿轮轴为中心的圆周上进行齿距值的测量。f_{pt}为单齿距偏差,是实际齿距与理论齿距的差;F_{pk}为齿距累积总偏差,是测定全轮齿齿距偏差后的评价。齿距累积偏差曲线的总振幅值为齿距总偏差。

第 6 章 变速器主要的振动噪声特征

6.1 概述

在第 5 章中对滚动轴承几何缺陷引起的频谱部分和变速器系统中的一些频谱成分进行了介绍，但在实际中还会有另外一些经常出现的其他振动噪声特征。因此，本章重点对这些振动噪声信号特征进行阐述，包括齿轮的敲击与啸叫、轴系的扭振、转子涡动以及转子的临界转速等。同时，对振动噪声信号的调制、阶次分析以及齿轮典型故障对应的信号特征等内容进行介绍。

6.2 敲击与啸叫

在变速器的 NVH 问题中，最常见的两个问题就是齿轮敲击 (Gear Rattle) 与齿轮啸叫 (Gear Whine)，二者均属于结构产生的噪声。敲击噪声的音质通常松散嘈杂，给人以不安全感；而啸叫噪声的音质常由于尖锐明显，更加令人烦躁不安。两种噪声的发生机理也不相同，本节将分别进行阐述。

6.2.1 齿轮敲击

由于空载齿轮在旋转方向上没有约束，所以当其空转时可能会在背隙范围内相互碰撞并产生敲击。下面通过一个带有变速器的机床来进行说明，如图 6-1 所示[7]。

变速器通过 V 带连接到电机，由电机驱动机床。通过在变速器中合理地布置啮合齿轮，就可以将功率从电机传到主轴。通过移动安装在副轴上的三个齿轮，可以改变变速器的速比。当主轴按速比设置的最低转速转动时，机床就可能会辐射出敲击噪声。

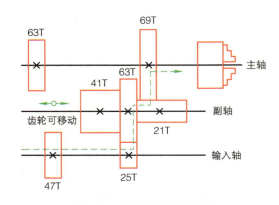

图 6-1 机床变速器示意图

为了说明敲击现象，对变速器进行了试验测试。变速器的振动通过贴在壳体上的加速度传感器测量得到，输入轴的转速则是通过一个光学转速计测量得到。传感器会产生一系列脉冲信号，一个脉冲对应输入轴的一个循环。脉冲之间的时间间隔可以确定输入轴在一个完整循环的平均转速。一段时间长度为5s的转速（单位：r/min）变化的时间历程如图6-2所示。

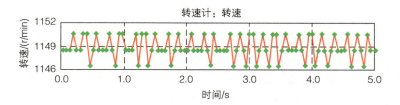

图6-2　输入轴转速的时间历程

时间长度为2s的壳体振动的时间历程如图6-3所示。可见，振动的时间历程能更清晰地揭示敲击现象。

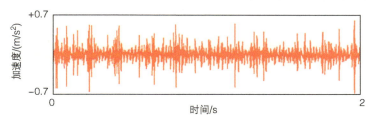

图6-3　变速器壳体振动的时间历程

需要说明的是，齿轮敲击的根源为轮齿的主动和从动齿面交替碰撞，其敲击过程是多自由度系统受阶跃激励后的响应过程。对于变速器而言，经常发生于低档和低转速工况。

齿轮敲击产生的噪声多为宽频带随机噪声，其可通过特定传递路径传递至车内，使得车内声压级、声振粗糙度等指标恶化。典型的敲击噪声坎贝尔云图如图6-4所示。

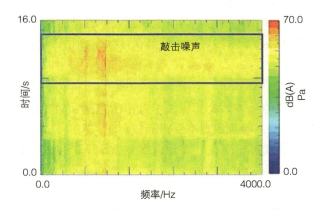

图6-4　典型敲击噪声坎贝尔云图

除了非承载齿轮对，敲击也经常发生在换档组件（如同步环和滑套等）上，产生"咔啦"声或"咯噔咯噔"声，在车内则表现为连续或断续的"哗啦"声。敲击响应的频率范围通常在500～4000Hz。

变速器齿轮敲击噪声产生的原因可以归纳为两个方面。

1）动力传递系统中存在着较明显的转矩波动。在发动机运行过程中，因缸内气体的燃烧爆发、活塞的往复运动以及曲柄连杆机构的旋转运动，使得发动机的输出转矩呈周期性变化，也使发动机的输出转速不平衡，如图6-5所示。并且这一转速波动又会通过飞轮、离合器等传递至变速器齿轮传动系统。

2）由于变速器内的齿轮副不会同时全部参与啮合传动，对于不参与啮合传动的非承载齿轮（或其他组件），当输入转速存在波动时，其转速也会随之波动；而由于齿轮副之间通常都会存在背隙（图6-6），所以非承载齿轮副的从动齿轮转速并没有同时变化，这样就和主动齿轮之间产生了转速差，导致两齿轮发生碰撞，从而产生敲击噪声。

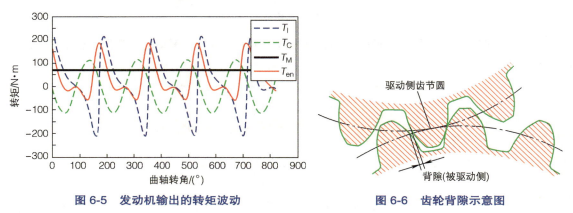

图6-5　发动机输出的转矩波动　　　　图6-6　齿轮背隙示意图

最后还需要说明两点：①除了发动机的扭振激励和齿轮背隙外，齿轮敲击问题还与离合器扭转减振、变速器的敲击敏感度、整车传递路径、齿轮惯量和材料以及机油黏度和齿轮参数等有关；②特殊情况下，整个传动系统的扭转共振也会引起齿轮敲击，成为齿轮敲击噪声的激励源。

齿轮敲击噪声是一定带宽范围内的空气传播噪声，其中的一部分噪声由轮齿直接进行噪声辐射，另一部分为齿轮振动通过轴承座等结构导致变速器壳体振动从而进行噪声辐射。经过变速器壳体的"过滤"，敲击噪声的频谱将不同于变速器壳体振动的频率成分，就使得传递到变速器外部空气中的这些声音更容易被乘客察觉，使其误认为车辆存在缺陷。

6.2.2　啸叫

啸叫是另一种完全不同的噪声体验，相较于敲击的宽频，啸叫是一种纯音，且频率更高。人们对这种纯音往往比较敏感，而且主观感受很不好。

与敲击不同，啸叫是承载齿轮副在动态传递误差激励下产生的一种具有阶次特征的噪声，典型的坎贝尔云图如图6-7所示。

一般情况下啸叫阶次的声压值并不会很高，但由于啸叫阶次很纯净，且阶次周边的背景噪声相对较低，基本没有掩盖效应，所以啸叫就会显得比较突出。

从机理上来说，与敲击对应的空载齿轮不同，啸叫的源头是传动系统内的承载齿轮，和传递误差（见章末Note1）密切相关。啸叫声的来源包括轴向往复力（其中合力的轴向位置在整个啮合周期内波动，导致在齿轮上产生波动力矩）和摩擦力（来自齿轮啮合时的相对滑动），再加上传递误差，就导致了运动状态的变化，最后通过轴承传递到壳体，形成啸叫声。

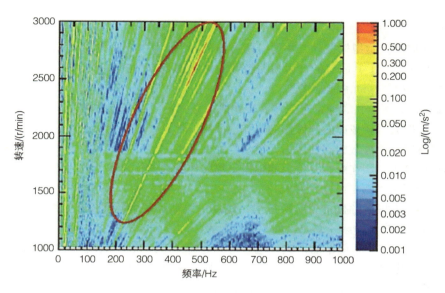

图 6-7 典型啸叫声的坎贝尔云图

齿轮啸叫声的产生原因包括以下三个方面[10,11]。

1）轮齿的啮合冲击。由于实际中理想啮合的齿轮是不存在的，即承载齿轮在受力运转过程中总会产生变形，再加上齿轮制造误差和安装误差等的影响，使齿轮啮合和分离时会产生碰撞和冲击，从而形成啮合冲击力和啮合噪声。但这种由于齿廓不理想产生的啮合噪声仅会发生在一定的负载范围内。

2）轮齿的结构激振。在齿轮啮合中，轮齿的刚度会随着啮合位置的不同而发生周期性变化，从而产生与齿轮几何形状和转速相关的周期性变化的激振力。如果激振力的频率（与齿轮轴的转速和齿数相关）与该对齿轮的固有频率接近，将发生共振，并使原振荡的振幅大幅度放大并产生特别响的结构噪声。

3）滚动接触噪声。这种噪声是由于轮齿表面质量不好产生的，又称为"搓板效应"。在批量生产中，即使制造误差在公差范围内，滚动接触噪声也会因特定的齿廓侧面外形而产生，例如现在很多汽车依然使用没有经过低噪声优化的直齿轮作为倒档齿轮，在挂入倒档时就容易产生滚动接触噪声。

需要说明的是，齿轮啸叫虽然是从壳体发出的噪声，或由壳体传递、从其他部件发出的噪声，但啸叫不应该仅被视为齿轮问题，而是由齿轮激励的系统问题。

因此，为了改善噪声，需要从多个方面入手，包括提高齿轮的结构刚度以减少其动态变形、减小传递误差、提高齿轮支承部件的刚度、保证轴承座刚度满足要求、变速器壳体及总成模态的合理匹配以及齿轮的适当修形等。

6.3 轴系的扭振

根据上一节论述可知，扭振对齿轮敲击噪声有很大影响，对于变速器系统来说，其前端通过离合器与发动机相连，后端通过万向节与传动轴或驱动桥相连，有时需要考虑这样的传动系统的扭振情况。因此本节将对轴系扭振的相关内容进行阐述[12]。

6.3.1 基本介绍

轴系之所以能产生扭转振动，主要有两方面的原因：①内因是轴系本身不但具有惯性，还具有弹性，由此确定了其固有的自由扭振特性；②外因是作用在轴系上的、周期性变化的激振力矩，这是产生扭转振动的能量来源。

对于轴系的扭振分析，通常是先将其转化成扭振当量模型，转化的原则包括：
① 将惯量较大且较集中的部件作为非弹性惯量元件；
② 将惯量较小而分散的部件作为无惯量的弹性元件；
③ 阻尼可分为作用在弹性元件上的轴段阻尼和作用在惯性元件上的质量阻尼；
④ 激振力矩只作用在惯性元件上。

这里先介绍下扭摆的概念。所谓扭摆，是由一根轴和一个圆盘所组成的单质量扭振系统，轴的一端固定，其自由端装一圆盘，如图6-8所示。

扭摆是扭振系统中最简单的形式，通过对其分析，可以获得扭转振动的基本概念。在进行扭振分析之前，先将实际扭摆进行模型化，由于圆盘的变形和轴的惯性都很小，故假定轴只有弹性没有惯性、圆盘只有惯性没有弹性。由此经过模型化的系统称为当量系统，如图6-9所示。

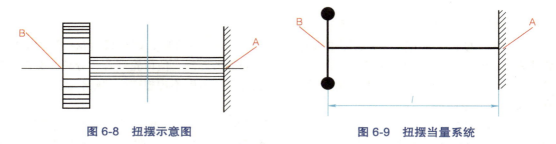

图6-8 扭摆示意图　　　　　　　图6-9 扭摆当量系统

在此当量系统中，用 I 表示圆盘的转动惯量（$N \cdot m \cdot s^2$ 或 $kg \cdot m^2$），用 e 表示轴的弹性参数柔度（$rad/N \cdot m$）。

6.3.2 扭摆振动简介

此处对扭摆振动介绍的目的，是为了了解其主要的影响因素。因此，下面只对扭摆的无阻尼自由振动进行介绍，更多的内容可参阅其他相关书籍。

首先，建立扭摆运动方程。设在圆盘上加一力偶，使轴扭转一个角度，然后将其突然撤去，则由于轴的弹性和圆盘的惯性，系统就要产生扭振。因为不考虑阻尼，所以在图6-8蓝色线位置截面左方的部分只作用有圆盘的惯性力矩 S（见章末Note2）和轴的弹性力矩 U。

根据胡克定律，可得轴的扭转角 φ 为

$$\varphi = \frac{Ul}{GJ_p} \tag{6.1}$$

式中，l 为轴的长度（m）；G 为轴的剪切模量（N/m^2）；J_p 为轴的截面极惯性矩（m^4）。令 $e = \varphi/U$，则可得轴的柔度 e 的另一个表达式为

$$e = \frac{l}{GJ_p} \tag{6.2}$$

由此可得圆盘的惯性力矩 $S(\text{N}\cdot\text{m})$ 和轴的弹性力矩 $U(\text{N}\cdot\text{m})$ 为

$$S = -I\ddot{\varphi}, \quad U = -\frac{\varphi}{e} \tag{6.3}$$

根据达朗贝尔原理可知,在质点受力运动的任何时刻,作用于质点的主动力、约束力和惯性力互相平衡。因此,$S + U = 0$,即

$$I\ddot{\varphi} + \frac{\varphi}{e} = 0 \text{ 或 } \ddot{\varphi} + \frac{\varphi}{Ie} = 0 \tag{6.4}$$

若令 $\omega_n^2 = 1/Ie$,则式(6.4)可写成:

$$\ddot{\varphi} + \omega_n^2 \varphi = 0 \tag{6.5}$$

此微分方程的通解为

$$\varphi = c_1 e^{i\omega_n t} + c_2 e^{-i\omega_n t} \tag{6.6}$$

由欧拉方程 $e^{i\omega_n t} = \cos\omega_n t + i\cdot\sin\omega_n t$,上式可化为:

$$\varphi = a\cos\omega_n t + b\sin\omega_n t \tag{6.7}$$

式中,$a = c_1 + c_2$,$b = i(c_1 + c_2)$,二者均为常数,由初始条件确定,求解过程如下。

将式(6.7)对时间 t 求导,可得扭摆的速度为

$$\dot{\varphi} = -a\omega_n\sin\omega_n t + b\omega_n\cos\omega_n t \tag{6.8}$$

令开始时刻 $t = 0$,扭摆的初始角位移 $\varphi = \varphi_0$,初始角速度 $\dot{\varphi} = \dot{\varphi}_0$,将这些条件代入上式后可得 a、b 的值为

$$a = \varphi_0, \quad b = \frac{\dot{\varphi}}{\omega_n} \tag{6.9}$$

令 $A = \sqrt{a^2 + b^2}$,$a/A = \sin\varepsilon$,$b/A = \cos\varepsilon$,则上式转化为

$$a = A\sin\varepsilon, \quad b = A\cos\varepsilon \tag{6.10}$$

将其代入式(6.7)可得:

$$\varphi = A\sin(\omega_n t + \varepsilon) \tag{6.11}$$

式中,φ 为圆盘角位移(rad);A 为圆盘角位移最大值,即振幅(rad);ω_n 为扭摆自然圆频率(rad/s);ε 为初始相位(rad),$\varepsilon = \arctan(\omega_n\cdot\varphi_0/\dot{\varphi}_0)$。上式即为位移 φ 与实际 t 之间关系的基本公式。

接下来,对扭摆无阻尼自由振动的特征进行分析。由式(6.11)可知,扭摆的瞬时位移 φ 随时间 t 按正弦规律变化,属于简谐振动,运动的周期 $\tau = 2\pi/\omega_n$,角速度即为圆频率 ω_n。则每分钟的振动次数 N(单位:次/分)为:

$$N = \frac{60}{\tau} = \frac{60}{2\pi}\omega_n \approx 9.55\omega_n \tag{6.12}$$

在扭振计算公式中,常提到的概念是自然圆频率或固有频率,但在日常分析及讨论中,一般用每分钟振动次数的概念,式(6.12)即给出了 N 与 ω_n 的简单换算关系。通过此关系式,可以得出以下结论:

① 由 $\omega_n = \sqrt{1/Ie}$ 和 $e = l/(GJ_p)$ 可得，$\omega_n = \sqrt{GJ_p/Il}$。又因 $J_p \propto D^4$（D 为轴的直径），所以，$\omega_n \propto D^2\sqrt{G/Il}$。也就是说，当系统的尺寸和材料确定后，其自振频率 ω_n 就确定了，即自振频率是系统的固有特性；

② 自振频率 ω_n 与轴的直径 D 的平方成正比，所以，改变轴的直径对系统的自振频率有很大影响；

③ 自振频率 ω_n 与轴的剪切模量 G 的开方成正比，所以，当尺寸一样时，钢轴的自振频率要比铁轴的高；

④ 自振频率 ω_n 还与圆盘的转动惯量 I 以及轴的长度 l 的开方成反比。

最后讨论一下振幅 A 与初始相位 ε 的决定因素。当 $t = 0$ 时，式（6.11）中的 A 和 ε 的表达式如下：

$$A = \sqrt{\varphi_0^2 + \left(\frac{\dot{\varphi}_0}{\omega_n}\right)^2}, \quad \varepsilon = \arctan\left(\omega_n \frac{\varphi_0}{\dot{\varphi}_0}\right) \quad (6.13)$$

由此可见，A 和 ε 都决定于初始条件 φ_0 及 $\dot{\varphi}_0$，这是自由振动的共同特性。

如果在扭摆的圆盘上加一个静力偶 M_0，则圆盘的位移 φ_0 为

$$\varphi_0 = \frac{M_0 l}{GJ_p} \quad (6.14)$$

然后突然撤除力偶 M_0，并立刻开始计算时间，则此时 $t = 0$，初速度 $\dot{\varphi}_0 = 0$。所以，振幅 A 的表达式即为

$$A = \sqrt{\varphi_0^2 + \left(\frac{\dot{\varphi}_0}{\omega_n}\right)^2} = \varphi_0 = \frac{M_0 l}{GJ_p} \quad (6.15)$$

因此，对于无阻尼自由振动，其振幅 A 的大小取决于初始激振力矩 M_0，而初始相位 ε 则完全取决于在什么时候开始计算时间，其对振动特性没有影响。

6.4 转子涡动

常见的机器中都装有旋转部件，即转子。转子连同其轴承和支座等统称为转子系统。机器运转时，转子系统会发生振动，包括转轴的扭转振动和弯曲振动、转子的振动等。这些振动会造成部件损坏或产生噪声，因此，需要对其进行关注。

对于变速器系统来说，尤其是商用车变速器副箱中装有行星齿轮机构时，其在特定档位下作为一个整体旋转，是一个典型的转子系统。如果设计不合理，在特定转速范围内就会发生剧烈振动并辐射噪声，经常需要考虑到的因素是转子涡动。因此，本节主要对转子涡动的相关内容进行阐述[13]。

6.4.1 转子涡动介绍

转子不平衡质量所引起的振动属于强迫振动，它的角频率和转动角速度相等。对于高速转子，除了不平衡质量所引起的振动外，还有频率与转动角速度不相等的振动，称为涡动，也称进动。

通常转轴的两侧支点在同一水平线上，如图 6-10 所示，转轴未变形时，中心线是水平的。

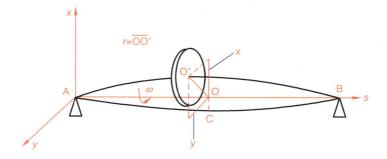

图 6-10 转子及支撑示意图

设圆盘转子位于两支点的中央。由于圆盘的重量，即使在没有转动时，转轴也会有弯曲变形，即静变形，变形曲线为 ACB。转动时，转轴可能有进一步的弯曲变形。此时，圆盘中心 O′ 的位置用 r 表示。在圆盘位于两支点中间的条件下，转轴变形时，圆盘平面的方向保持不变。由于静变形较小，对转子运动的影响不明显而可以忽略，则 r 可以认为是从不动的轴线 $\overline{AB}$ 的中点算起的位移。

为了避开静变形，可以考虑转轴的两支点在同一垂直线上，而圆盘位于水平面上，如图 6-11 所示。

为了确定圆盘在运动时，其中心 O′ 的位置，以固定坐标系 $AxyS$ 作为参考。O′ 的坐标以 x、y 表示。设转轴的中心线通过圆盘的中心，以角速度 ω 作等速转动。当正常运转时，转轴是直的；但如果在其一侧加一个横向冲击，则因转轴有弹性就会发生弯曲振动，或圆盘作横向振动。

圆盘的质量用 m 表示，它所受到的力是转轴的弹性恢复力 F：

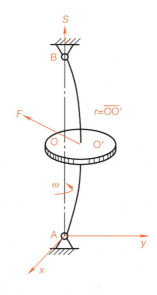

图 6-11 转子垂直状态

$$F = -kr \tag{6.16}$$

式中，k 为转轴的刚度系数；$r = \overline{OO'}$，是圆盘中心偏离竖直轴 $\overline{AB}$ 的距离。

相对于固定坐标系 Axy，圆盘的运动微分方程为

$$m\ddot{x} = F_x = -\frac{Fx}{r} = -kx \tag{6.17}$$

$$m\ddot{y} = F_y = -\frac{Fy}{r} = -ky \tag{6.18}$$

令 $\omega_n^2 = k/m$，则有：

$$\ddot{x} + \omega_n^2 x = 0 \tag{6.19}$$

$$\ddot{y} + \omega_n^2 y = 0 \tag{6.20}$$

对应的解如下：

$$x = X\cos(\omega_n t + \alpha_x) \quad (6.21)$$

$$y = Y\sin(\omega_n t + \alpha_y) \quad (6.22)$$

其中，振幅 X、Y 和初始相位 α_x、α_y 都是由起始的横向冲击决定的。由上式可知，圆盘或转轴的中心 O' 在互相垂直的两个方向上做频率同为 ω_n 的简谐运动。一般情况下，振幅 X 和 Y 不相等，所以上式确定的 O' 点的轨迹为一椭圆。O' 的这种运动称为"涡动"或"进动"，自然频率 ω_n 称为进动角速度。

式（6.19）和（6.20）中的 ω_n 是相同的，所以可以用复数的形式来代替进行求解，并用所得结果来描述圆盘中心的涡动。令复变量 z 为

$$z = x + iy \quad (6.23)$$

则式（6.19）和（6.20）变为

$$\ddot{z} + \omega_n^2 z = 0 \quad (6.24)$$

其解为

$$z = B_1 e^{i\omega_n t} + B_2 e^{-i\omega_n t} \quad (6.25)$$

其中，B_1 和 B_2 都是复数，由起始的横向冲击决定。第一项是半径为 $|B_1|$ 的逆时针方向的运动，与转动角速度 ω 同向，称为正进动；第二项是半径为 $|B_2|$ 的顺时针方向的运动，与转动角速度 ω 反向，称为反进动。圆盘中心 O' 的涡动是两种进动的合成。

由于起始条件不同，圆盘中心的运动可能会出现以下几种不同的情况：

① $B_1 \neq 0$，$B_2 = 0$。此时涡动为正进动，轨迹为圆，其半径为 $|B_1|$；

② $B_1 = 0$，$B_2 \neq 0$。此时涡动为反进动，轨迹为圆，其半径为 $|B_2|$；

③ $B_1 = B_2$。此时轨迹为直线，点 O' 作直线简谐运动；

④ $B_1 \neq B_2$。此时轨迹为椭圆，$|B_1| > |B_2|$ 时，O' 作正向涡动；$|B_1| < |B_2|$ 时，O' 做反向涡动。正进动和反进动合成后的运动也可以称为进动，如图 6-12 所示。

通过上面的分析可知，圆盘或转轴中心的进动或涡动属于自然振动，它的频率为圆盘没有转动时，转轴弯曲振动的自然频率。

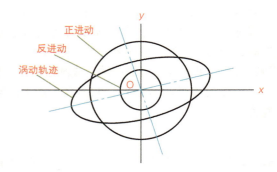

图 6-12 进动的合成

6.4.2 转子涡动频率计算

前面介绍的是转子位于两支点中间时的情况，但实际中的圆盘转子更多的是偏于一侧。接下来将对这种更加贴近实际的情况所对应的涡动频率进行介绍。

圆盘偏于一侧支点时，转轴变形后，圆盘的轴线与两支点 AB 的连线有一夹角 φ，如图 6-13 所示。设圆盘的自转角速度为 ω，极转动惯量为 J_p，则圆盘对质心 O' 的动量矩为

$$H = J_p \omega \quad (6.26)$$

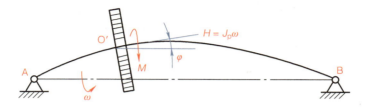

图 6-13 偏于一侧的转子系统

它与轴线 AB 的夹角也是 φ。当转轴自然振动时,设其频率为 ω_n,则圆盘中心 O' 与轴线 $\overline{AB}$ 所构成的平面绕 $\overline{AB}$ 轴有进动角速度 ω_n。由于进动,圆盘的动量矩 H 将不断地改变方向。因此产生了方向正负变化的惯性力矩 M:

$$M = -\omega_n H = H\omega_n = J_p \omega \omega_n \tag{6.27}$$

但总的方向与平面 $O'AB$ 垂直,绕 AB 轴线方向的大小为

$$M = J_p \omega \omega_n \sin\varphi \approx J_p \omega \omega_n \varphi \tag{6.28}$$

这一惯性力矩称为陀螺力矩或回转力矩,它是圆盘加于转轴的力矩。因夹角 φ 较小,所以 $\sin\varphi \approx \varphi$(即角度的正弦约等于该角度的弧度数)。此力矩与 φ 成正比,相当于弹性力矩。在正进动($0 < \varphi < \pi/2$)时,它使转轴的变形减小,因而提高了转轴的弹性刚度,也即提高了转子的临界角速度;在反进动($\pi/2 < \varphi < \pi$)时,它使转轴的变形增大,从而降低了转轴的弹性刚度,也即降低了转子的临界角速度。

考虑陀螺力矩时的转子系统模型如图 6-14 所示。其中,转子的转动角速度为 ω,极转动惯量为 J_p,直径转动惯量为 J_d,质量为 m。转轴的弹性刚度也是已知的,由下列各刚度系数表示:

k_{11}——圆盘中心 O' 点在 x 方向有单位位移时所需加于 O' 点而沿 x 方向的力;

k_{22}——圆盘中心 O' 点在 y 方向有单位位移时所需加于 O' 点而沿 y 方向的力;

k_{33}——圆盘绕 $O'x$ 轴有单位转角时所需加的对 $O'x$ 轴的力矩;

k_{44}——圆盘绕 $O'y$ 轴有单位转角时所需加的对 $O'y$ 轴的力矩;

k_{14}——圆盘绕 $O'y$ 轴有单位转角时所需加于 O' 而沿 x 方向的力;

k_{23}——圆盘绕 $O'x$ 轴有单位转角时所需加于 O' 而沿 y 方向的力;

k_{32}——O' 点在 y 方向有单位位移时所需对 $O'x$ 轴的力矩;

k_{41}——O' 点在 x 方向有单位位移时所需对 $O'y$ 轴的力矩;

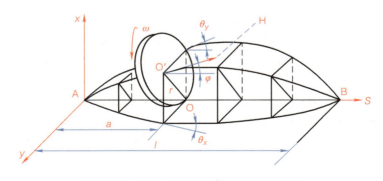

图 6-14 考虑陀螺力矩时的转子系统模型

上面的单位位移或单位转角都是以其他方向的位移或转角被限制为零作为条件的。

这样，以轴心 O' 点的坐标 x、y 和转角 θ_y、θ_x 表示圆盘在运动过程中任意瞬时的位置，由质心运动定理得到圆盘的运动微分方程如下：

$$m\ddot{x} + k_{11}x + k_{14}\theta_y = 0 \tag{6.29}$$

$$m\ddot{y} + k_{22}y - k_{23}\theta_x = 0 \tag{6.30}$$

$$J_d\ddot{\theta}_x + H\dot{\theta}_y - k_{32}y + k_{33}\theta_x = 0 \tag{6.31}$$

$$J_d\ddot{\theta}_y - H\dot{\theta}_x + k_{41}x + k_{44}\theta_y = 0 \tag{6.32}$$

其中，$k_{23}\theta_x$ 取负号是因为圆盘绕 $O'x$ 轴的转角 θ_x 为负，但加于 O' 点而沿 y 方向的力为正；$k_{32}y$ 取负号是因为 O' 点在 y 方向的位移为正时，所加对 $O'x$ 轴的力矩为负。

此外，由于转角 θ_y 和 θ_x 都比较小，$H\dot{\theta}_y$ 和 $H\dot{\theta}_x$ 可以这样理解：$H\dot{\theta}_y$ 为圆盘绕 y 轴有角速度 $\dot{\theta}_y$ 时，动量矩 H 的改变量；$H\dot{\theta}_x$ 为圆盘绕 x 轴有角速度 $\dot{\theta}_x$ 时，动量矩 H 的改变量。

式（6.29）~式（6.32）为一组齐次线性微分方程，求解其特征根即可得到转子的自然频率 ω_n，即进动角速度。因动量矩 $H = J_p\omega$，故自然频率随转动角速度 ω 改变。

通常情况下，转轴的横截面是圆，各刚度系数有如下关系：

$$k_{11} = k_{22} = k_{rr}; \quad k_{33} = k_{44} = k_{\psi\psi} \tag{6.33}$$

$$k_{14} = k_{41} = k_{23} = k_{32} = k_{r\psi} = k_{\psi r} \tag{6.34}$$

这样，式（6.29）~式（6.32）可以用复变量的形式表示，以简化进动角速度的计算。令 $z = x + iy$ 及 $\psi = \theta_y - i\theta_x$，则式（6.29）~式（6.32）变为

$$m\ddot{z} + k_{rr}z + k_{r\psi}\psi = 0 \tag{6.35}$$

$$J_d\ddot{\psi} - Hi\dot{\psi} + k_{\psi r}z + k_{\psi\psi}\psi = 0 \tag{6.36}$$

令 $\omega_{rr}^2 = k_{rr}/m$，$\omega_{r\psi}^2 = k_{r\psi}/m$，$\omega_{\psi\psi}^2 = k_{\psi\psi}/J_d$，$\omega_{\psi r}^2 = k_{\psi r}/J_d$，并设方程的解为 $z = z_0 e^{i\omega_n t}$、$\psi = \psi_0 e^{i\omega_n t}$，代入式（6.35）~式（6.36）后可得：

$$(-\omega_n^2 + \omega_{rr}^2)z_0 + \psi_0\omega_{r\psi}^2 = 0 \tag{6.37}$$

$$z_0\omega_{\psi r}^2 + [-\omega_n^2 + (J_p/J_d)\omega\omega_n + \omega_{\psi\psi}^2]\psi_0 = 0 \tag{6.38}$$

它的特征方程即频率方程为：

$$(-\omega_n^2 + \omega_{rr}^2)[-\omega_n^2 + (J_p/J_d)\omega\omega_n + \omega_{\psi\psi}^2] - \omega_{r\psi}^2\omega_{\psi r}^2 = 0 \tag{6.39}$$

或 $\omega_n^4 - (J_p/J_d)\omega\omega_n^3 - (\omega_{\psi\psi}^2 + \omega_{rr}^2)\omega_n^2 + (J_p/J_d)\omega\omega_{rr}^2\omega_n + \omega_{rr}^2\omega_{\psi\psi}^2 - \omega_{r\psi}^2\omega_{\psi r}^2 = 0 \tag{6.40}$

这是进动角速度 ω_n 的四次方程，即有四个根，说明由于转子偏于一侧而产生的陀螺力矩，使得转子有四个涡动频率，其中两个大于 0 的为正进动频率，两个小于 0 的为反进动频率，且不同 ω 时对应的结果不同。

因为前面提到了陀螺力矩，这里最后再说明一下陀螺效应。

陀螺效应是旋转的物体有保持其旋转方向（旋转轴的方向）的惯性。前面提到当圆盘不装在两支承的中点而偏于一边时，高速旋转的圆盘的自转轴也就是圆盘的动量矩被迫不断地改变方向，从而产生了陀螺力矩，出现陀螺效应。所以，只要高速旋转部件的自转轴在空间改变方向（即进动），就会产生陀螺力矩，出现陀螺效应。

6.5 转子的临界转速

在上一节转子涡动中提到,陀螺力矩会影响转子的临界转速。本节主要对临界转速的相关内容进行阐述[14]。

由于转动系统中转子各微段的质心不可能严格处于回转轴上,因此,当转子转动时会出现横向干扰,在某些转速下还会引起系统的强烈振动,此时对应的转速即为临界转速。

6.5.1 基本介绍

工程中的回转机械(如涡轮机、电机等)在运转时经常会由于转轴的弹性及转子偏心而发生横向弯曲振动。当转速增至某个特定值时,振幅会突然加大,振动异常激烈,而超过这个特定值后,振幅又很快减小。使转子发生激烈振动的特定转速就是临界转速。

实际上,当商用车变速器的后副箱采用行星轮系时,在某些档位下装在轴上的整个行星轮系也相当于是一个转子,虽然经过了严格的平衡,但仍不可避免地存在着极其微小的偏心;同时,转子由于自重的原因,在轴承之间也总要产生一定的挠度。这两方面的原因,使得转子的重心不可能与转子的旋转轴线完全吻合,从而在旋转时就会产生一种周期变化的离心力,这个力的变化频率与转子的转数一致。当周期变化的离心力的变化频率和转子的固有频率相等时,将产生强烈的振动,称为"共振"。所以,转子的临界转速也可以说是运行中发生转子共振时所对应的转速。

在数值上,临界转速和转子不旋转时横向振动的固有频率相同,也就是说,临界转速与转子的弹性及质量分布等因素有关。

6.5.2 临界转速分析

对于变速器后副箱中的行星齿轮机构,当其作为一个整体旋转时,可以简化为一个单盘转子,如图 6-15 所示。

这里,忽略转轴的质量;圆盘的质量为 m,固定在转轴中部;C 为圆盘质心,O_1 为圆盘形心,O 为旋转中心,静止时形心 O_1 与旋转中心 O 重合;偏心距 $\overline{CO_1}=e$。假定转轴以角速度 ω 恒速旋转。由材料力学可知,转轴沿 x 和 y 方向的横向刚度为

$$k = 48EI/l^3 \tag{6.41}$$

式中,E 为弹性模量;I 为截面惯性矩;l 为两支承间的转轴长度。

当从图 6-15 的右端看向左端时,可得视图如图 6-16 所示。图中 f 为由离心惯性力使轴产生的动挠度,$f = \overline{OO_1}$。此外,转动时的黏性阻尼力正比于圆盘形心 O_1 的速度。

由图 6-16 可得形心 O_1 的坐标为 (x, y),质心 C 的坐标为

$$(x + e\cos\omega t, y + e\sin\omega t) \tag{6.42}$$

由质心运动定理(牛顿方程)可得:

$$\frac{md^2(x+e\cos\omega t)}{dt^2} = -kx - c\dot{x} \tag{6.43}$$

$$\frac{md^2(y+e\sin\omega t)}{dt^2} = -ky - c\dot{y} \tag{6.44}$$

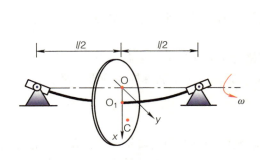
图 6-15 单盘转子系统

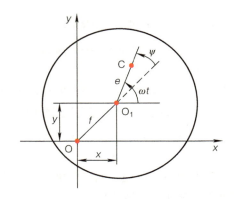
图 6-16 圆盘侧视图

可改写为如下运动方程：

$$m\ddot{x} + c\dot{x} + kx = me\omega^2\cos\omega t \quad (6.45)$$
$$m\ddot{y} + c\dot{y} + ky = me\omega^2\sin\omega t \quad (6.46)$$

上式右端可看作是激振力旋转矢量 $me\omega^2 e^{i\omega t}$ 在 x 和 y 方向上的投影，作用点为 C，方向沿 $\overline{CO_1}$；左端是标准的振动方程形式，因此可得固有频率 ω_0：

$$\omega_0 = \sqrt{\frac{k}{m}} = \sqrt{\frac{g}{l_0}} \quad (6.47)$$

式中，k 为轴的刚度；m 为刚性圆盘的质量；g 为重力加速度；l_0 为静止时圆盘使轴产生的静变形。ω_0 为转子不转动而作横向自由振动时的固有频率。同时，阻尼比 ξ、频率比 s、振幅放大因子 β_1 和相位差 θ_1 的表达式如下：

$$\xi = \frac{c}{2m\omega_0} \quad (6.48)$$

$$s = \frac{\omega}{\omega_0} \quad (6.49)$$

$$\beta_1 = \frac{s^2}{\sqrt{(1-s^2)^2 + (2\xi s)^2}} \quad (6.50)$$

$$\theta_1 = \arctan\frac{2\xi s}{1-s^2} \quad (6.51)$$

这样可得运动方程的解为

$$x = e\beta_1\cos(\omega t - \theta_1) \quad (6.52)$$
$$y = e\beta_1\sin(\omega t - \theta_1) \quad (6.53)$$

x 和 y 的平方和为 $(e\beta_1)^2$，即形心 O_1 的运动轨迹为一个圆。动挠度 f 为

$$f = e\beta_1 = \frac{es^2}{\sqrt{(1-s^2)^2 + (2\xi s)^2}} \quad (6.54)$$

可知，当 $s = 1(\omega = \omega_0)$ 时，动挠度 $f = e/2\xi$。也就是说，当阻尼比 ξ 很小时，即使转子平衡得很好（e 很小），动挠度也会相当大，容易使轴破坏，此时对应的转速 ω 称为临界转速。

因此，在进行变速器机构设计时，若后副箱采用行星齿轮机构，需校核其临界转速值，使其避开常用转速范围，以免发生共振。

此外，当 $s \gg 1$ 时，即 $\omega \gg \omega_0$，则 $\beta_1 \approx 1$，$\theta_1 \approx \pi$。此时，运动方程的解 x 和 y 变为

$$x = -e\cos\omega t \tag{6.55}$$

$$y = -e\sin\omega t \tag{6.56}$$

代入质心坐标 [式（6.42）] 后发现，质心 C 坐标变为（0,0）。即质心 C 与旋转中心 O 重合，圆盘和弯曲的轴都绕着质心 C 旋转。这种现象称为自动定心现象。

6.6 振动噪声信号的调制

在上一章中的"基础啮合频率的谐波及其边频"部分提到了信号的调制，这种现象经常出现在齿轮传动系统的振动噪声信号中。本节主要对信号调制的相关内容进行介绍[7]。

由变速器产生的振动噪声信号，通常包含了许多不同幅值、频率和相位的正弦信号，这些正弦信号在频谱中要比背景噪声占据更主导的地位。参与啮合的轮齿周期性重复地啮合与分离，其齿间的作用力就引起了变速器的振动并辐射噪声。在啮合循环中，齿间动态作用力的周期时间历程要比正弦类型更加复杂，其频谱由基础频率的谐波组成。由于齿轮副的负载转矩会随着转角发生改变，这就引起了角速度的变化，并产生了正弦信号的调制。

6.6.1 基本介绍

信号的调制最早出现在通信系统中，由于发送端的原始电信号通常具有频率很低的频谱分量，所以一般不适宜直接在信道中进行传输。因此，通常需要将原始信号变换成频带适合信道传输的高频信号，这一过程被称为调制。

其中的高频信号就是载波，是比较纯净的单频信号，因为带宽为 0，所以本身无法携带大量信息，但其频率高，可以搭载信息并进行无线传输，相应的频率就是载频；而所搭载的信息就是调制信号，其本身有带宽，但频率低，无法被无线传输。因此，两者结合之后，就产生了调制的概念。

通俗地讲，调制就是把需要传输的原始信号（调制信号），移到载波信号上的过程。调制的方式有很多，根据调制信号是模拟信号还是数字信号，分为模拟调制和数字调制。对于振动噪声信号来说，研究较多的是模拟调制。根据调制对象的不同，一般又分为频率调制、幅值调制、相位调制和混合调制。

6.6.2 谐波

周期性信号可以用傅里叶级数进行描述[7]。一个周期信号的特殊部分是随时间变化的各个正弦函数，它们在频率、幅值和初始相位上彼此不同，且其频率都是基础频率的整数倍。周期信号的数学模型可以用正、余弦级数的和建立，简化后的表达式为

$$x(t) = \sum_{k=1}^{K} A_k \cos(k\omega_0 t + \varphi_k) \tag{6.57}$$

式中，$\omega_0 = 2\pi/T$ 是基础角频率；A_k 和 φ_k 分别为第 k 部分的幅值和初始相位。由于实际测量频率范围的限制，谐波的数目是有限整数 K。

任何频谱的部分都可以认为是基础频率的谐波部分，此基础频率也就是用于 FFT 计算的时间长度的倒数。

通过在频域内进行滤波，可以去除谐波以外的频率部分，然后再通过傅里叶逆变换又可以回到时域。如图 6-17 所示，其中包含了 2048 个加速度信号样本。

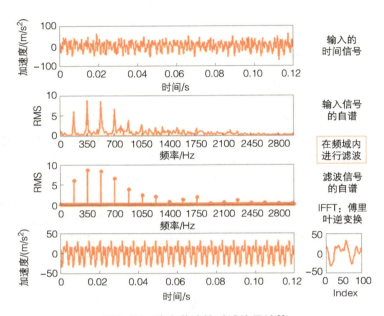

图 6-17 选定谐波的时域信号计算

频谱信号中的主导部分是谐波，但其中也叠加了噪声，使得原来正当的周期信号不易被识别。在这里，基础谐波的阶次是 21，其 2 倍谐波的阶次是 42，以此类推。频域内的滤波是将除这些谐波之外的其他部分归零，从而得到一个包含了 21 个周期的严格周期信号。其中的一个周期信号如图 6-17 右下图所示。

需要注意的是，样本数 2048 并不是周期数 21 的整数倍。滤波法的效果和下述的操作一样，即：将信号虚拟分割为 21 份，然后使用相同的指标分别计算各样本子集的平均值。这也与基于时间的平均相同，但此时可能需要重采样，以使每一部分的样本数都相同。而频域内的滤波可以不用重采样就能达到相同的效果。

6.6.3 不同的调制类型介绍

调制是在时域上用一个低频信号对一个高频信号某个或几个特征参量进行控制的过程，在频域上是一个移频的过程。在调制的过程中，可以识别出载波信号、调制信号和已调制信号。此外，在调制理论中通常只讨论正弦信号，也称为谐波信号。载波信号就是严格的正弦信号，但调制信号却不会因为正弦类型的普遍性而受限制。由于调制信号每一部分的影响都可以分别进行研究，因此，对于一般的调制信号，叠加原则都是有效的。一个谐波时间信号的例子如下所示：

$$x(t) = A\cos(\omega t + \varphi_0) = A\cos\Phi \quad (6.58)$$

式中，t 为时间；A 为幅值；$\Phi = \omega t + \varphi_0$ 是相位；φ_0 是初始相位；ω 是角频率。注意，信号中的相位和初始相位是不同的。

未调制的谐波信号（只有载波部分）具有恒定的幅值和相位，且相位是时间的线性函数。调制的过程是根据调制信号，对载波信号的一个或多个属性进行变换的过程。而调制信号中可能包含了功率变化或转速波动的信息。不同的调制类型对信号幅值和相位的影响如图6-18所示。

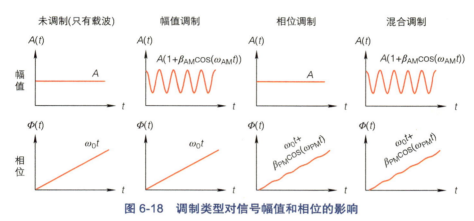

图6-18 调制类型对信号幅值和相位的影响

这里假定载波信号是一个严格的谐波信号或周期信号，其频谱由谐波组成，即谐波频率是基础频率的整数倍。实际中通常假定此谐波的每一部分都是由相同的调制信号进行调制的。

接下来，分别对幅值调制、频率调制、相位调制和混合调制的相关内容进行介绍。

1. 幅值调制

幅值调制即调幅（Amplitude Modulation，AM），使载波信号的幅值随调制信号的变化而变化，但频率不变。其调制信号、载波信号及已调制信号如图6-19所示。

若假定调制信号是正弦信号，那么幅值调制（AM）信号可用下式描述：

$$x(t) = A[1 + \beta_{AM}\cos(\omega_{AM}t + \varphi_{AM})]\cos(\omega_0 t) \quad (6.59)$$

式中，$\omega_0 = 2\pi f_0$ 是载波频率；$\omega_{AM} = 2\pi f_{AM}$ 是调制频率；β_{AM} 是调制指数（见章末Note3）。可以看出，载波频率和调制频率之间没有限制关系。如果相同的调制信号调制了一系列的谐波频率，则最好是给每一个边频都分配一个频域上最近的载波频率，因此，$f_{AM} < f_0/2$ 成立。这里的 f_0 是谐波集的基础频率，谐波集也就与基础频率联系在一起。机械系统中，幅值调制可对振动噪声的幅值变化进行处理分析。

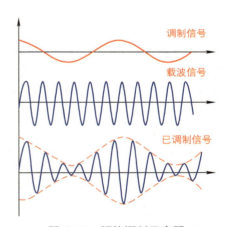

图6-19 幅值调制示意图

使用基本的三角函数公式可得：

$$\begin{aligned} x(t) &= A(1 + \beta_{AM}\cos(\omega_{AM}t + \varphi_{AM}))\cos(\omega_0 t) \\ &= A\cos(\omega_0 t) + A\beta_{AM}\cos(\omega_{AM}t + \varphi_{AM})\cos(\omega_0 t) \\ &= A\cos(\omega_0 t) + \frac{A\beta_{AM}}{2}[\cos((\omega_0 - \omega_{AM})t - \varphi_{AM}) + \cos((\omega_0 + \omega_{AM})t + \varphi_{AM})] \end{aligned} \quad (6.60)$$

幅值调制信号包含了三个正弦部分，即原始载波部分和两个其他的部分，根据它们的频率与载波频率的关系，分别称这两个部分为上边频和下边频。调制的影响之一是载波部分的幅值不发生改变，而边频部分的幅值等于 $A\beta_{AM}/2$。可以看出，上边频（$f_0 + f_{AM}$）和下边频（$f_0 - f_{AM}$）分别是载波频率 f_0 与调制信号频率 f_{AM} 的和差值，边频部分的初始相位符号相反。

另一个幅值调制信号的例子如图 6-20 所示，其为单位幅值，调制指数为 0.5，载波频率 50Hz，调制频率 5Hz。

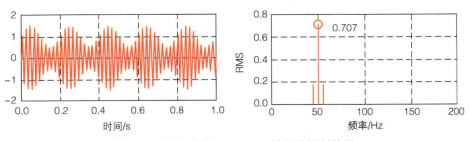

图 6-20　调制指数 $\beta_{AM} = 0.5$ 的幅值调制信号

一般需要将所有信号的频率都显示出来之后，才能使所有部分的频率与频谱中的一些频率做出匹配。这种情况下，使用矩形时间窗对信号进行加权比较合适。

幅值调制进行加窗时，通常使用的是汉宁窗。假设余弦函数的一个周期形成了一个调制信号，其调制指数为 1。如果谐波信号的频率匹配了频谱中的一些频率，则幅值只有原始信号一半的一对边频部分，就会出现在加权信号的频谱中。

2. 频率调制

频率调制即调频（Frequency Modulation，FM），是使载波频率按照调制信号改变的调制方式。已调波频率变化的大小由调制信号的大小决定，变化的周期由调制信号的频率决定，但已调波的振幅保持不变。

调频波的波形就像是个被压缩得不均匀的弹簧，其调制信号、载波信号及已调制信号如图 6-21 所示。

载波经调频后成为调频波。可见，当载波信号振幅位于正向最大值时，已调制信号的频率最高；当载波信号振幅位于负向最大值时，已调制信号的频率最低。

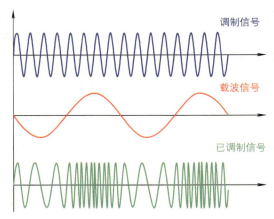

图 6-21　频率调制示意图

设载波信号 $u_c(t) = U_{cm}\cos\omega_c t$，调制信号 $u_\Omega(t) = U_{\Omega m}\cos\Omega t$，则调频波（频率被调制的波）的瞬时角频率为 $\omega(t)$：

$$\omega(t) = \omega_c + \Delta\omega(t) = \omega_c + kU_{\Omega m}\cos\Omega t = \omega_c + \Delta\omega_m\cos\Omega t \tag{6.61}$$

式中，ω_c 为载波角频率，即调频波中心角频率；k 为调频灵敏度，表示单位调制信号幅度引起的频率变化；$\Delta\omega_m$ 为调频波最大角频偏，表示调频波频率摆动的幅度，$\Delta\omega_m = kU_{\Omega m}$。

调频时，瞬时角频率的变化与调制信号呈线性关系。

3. 相位调制

相位调制即调相（Phase Modulation，PM），是载波的相位对其参考相位的偏离值随调制信号的瞬时值成比例变化的调制方式。如果假定调制信号是正弦信号，则相位调制（PM）信号的描述如下：

$$x(t) = A\cos(\omega_0 t + \beta_{PM}\cos(\omega_{PM} t + \varphi_{PM})) \tag{6.62}$$

式中，$\omega_0 = 2\pi f_0$ 为载波频率；$\omega_{PM} = 2\pi f_{PM}$ 为调制频率；β_{PM} 为调制指数。在机械系统中，谐波信号的相位与转角的含义相同。因此，相位调制可用来处理分析角振动，也就是不均匀转动。

很明显，加到 $\omega_0 t$ 中的调制信号也是一个谐波信号。调制信号的瞬时频率在时间上的变化如下：

$$\begin{aligned} f(t) &= \frac{1}{2\pi} \cdot \frac{\mathrm{d}\Phi(t)}{\mathrm{d}t} = \omega_0 - \beta_{PM}\omega_{PM}\sin(\omega_{PM}t + \varphi_{PM}) \\ &= f_0 - \Delta f_{PM}\sin(\omega_{PM}t + \varphi_{PM}) \end{aligned} \tag{6.63}$$

式中，$\Delta f_{PM} = \beta_{PM}\omega_{PM}$ 称为频率误差。在电信学中，载波频率常远大于频率误差 $f_0 \gg \Delta f_{PM}$，但当机器的转动不均匀时，则只有 $f_0 > \Delta f_{PM}$。

分析表明，除了载波频率 f_0 之外，相位调制信号的频谱中还包含了有限数目的边频部分，其频率偏移量为调制信号的频率 f_{PM}。上边频和下边频由第一边频部分的一族谐波组成，第一边频的频率与载波频率相关。

对比调频和调相可以发现，调频波和调相波都表现为高频载波瞬时相位随调制信号的变化而变化，只是变化规律不同。且由于频率与相位间存在微分与积分的关系，所以调频与调相之间也存在着密切的关系，即调频必调相、调相必调频。二者也可以相互转化，即若将调制信号先微分、再进行调频，则得到的是调相波，这种方式称为间接调相；若将调制信号先积分、再进行调相，则得到的是调频波，称为间接调频。

一个典型的相位调制信号及其频谱如图 6-22 所示。

此外，由于幅值调制信号和相位调制信号之间也彼此相关，为方便起见，常假定载波频率和调制信号频率之间的关系与幅值调制的情况相同。因此，$f_{AM} < f_0/2$ 也成立。相位调制也可能会包含与基础频率相关的谐波。

在相位调制信号频谱中，调制指数对边频 RMS 的影响如图 6-23 所示。其中的频率范围为 0 ~ 3200Hz，载波频率为 1600Hz，位于频谱的中间位置。

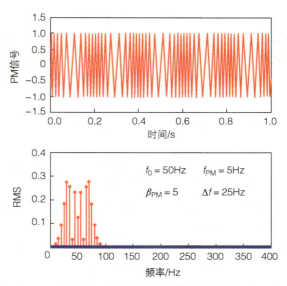

图 6-22 相位调制信号及其频谱

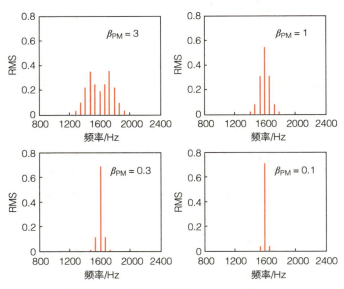

图 6-23　调制指数对边频 RMS 值的影响

为了使频谱分辨率足够高，这里只显示了总频率范围的一半，并把载波频率放在了中心频率的位置上。

除此之外，还在室内进行了一个变速器的振动噪声试验，试验时保持输入转速不间断地增加，试验的目的是模拟跑道上车辆加速噪声的测量。之所以不在恒定的输入转速下进行试验，另外一个原因是名义转速的不确定性，并且发动机的工作转速范围也很宽，如货车在 2400r/min，轿车在 5000r/min 及以上。此外，随着新产品的发展以及产品质量的提高，有必要对不同运行条件下的整个转速范围进行检查，以此评估噪声或振动。这些试验都需要在变速器升速或降速时进行。

如前所述，在长度为 T 的时间区间中创建了一个信号样本序列后，通过傅里叶变换计算得到频谱。频谱中的主要频率成分会随着输入轴转速的增减而变化。用于频谱计算的输入信号中，其频率的改变可以认为是频率的调制。下面将用例子说明其影响。

在时间长度为 T 内的频率的相对变化百分比定义如下：

$$p = 100\% |f_T - f_{REF}| / f_{REF} \qquad (6.64)$$

其中，f_{REF} 和 f_T 分别为在长度 T 的开始和结束时的频率。式（6.64）中的参数说明如图 6-24 所示。

频率增加率 p 不同时，调制的影响也是不同的。下面以计算得到的正弦信号频谱为例进行说明，其中的参考信号幅值为 1，初始频率为 1000Hz。测试信号的采样频率为 8192Hz，频谱范围 0~3200Hz。用于计算的时间记录中有 800 个频谱线，包含了 2048 个样本，长度 250ms（1/4s）。整个时间区间内相邻两部分的差值是 4Hz。可以使用汉宁窗进行加权，或对时间信号加窗。信号频率增加的速率不同，一般为每秒 0.1%~5%。百分比数值决定了原始频率在

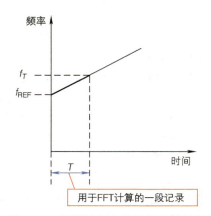

图 6-24　测量过程中信号频率的增加

时间区间内增加了多少赫兹。计算结果如图 6-25 所示。

恒频率（$p = 0\%$）时信号的频谱只包含三部分，即 1000Hz 及其两个边频，其中的边频部分是由于使用了汉宁窗后产生的。这三个非零部分形成了频谱的峰值。随着追踪部分的频率不断变化，形成频谱峰值的非零部分也不断增加，但幅值会同步减小。这个现象可以认为是将原始的窄高峰进行了拖尾。换句话说，与原信号相比，将要被拖尾的这个峰值连同其功率，是在一个更宽的频带内分布的。这个结论也可以根据图 6-25 中 $p = 0\%$ 和 $p = 5\%$（平均中心频率为 1024Hz，频率范围约为 1000 ~ 1050Hz）两个频谱对比得到。

频谱跟踪部分被拖尾的越多，则这部分形成的峰值幅值就越低。用于计算 RMS 时相对带宽的选择，依赖于转速的相对变化，就像变速器一样。如果一个给定频率的相对带宽是 0.5%，则一个测量的时间区间内转速的允许变化量也是 0.5%，这里测量的是用于 FFT 计算的时间记录。如果频率范围的上限是 3200Hz，则 0.5% 的相对带宽和 800 线的频谱至少需要 40s 的时间来使转速翻倍。

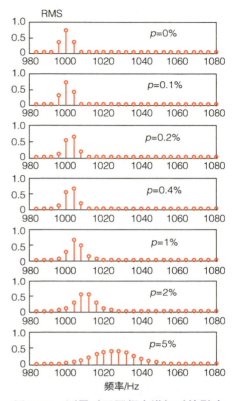

图 6-25 测量时不同频率增加时的影响

4. 混合调制

混合调制仍然假定两个调制信号都是正弦信号。这里只讨论幅值和相位都需要调制的信号，可以用下式描述：

$$x(t) = A(1 + \beta_{AM}\cos(\omega_{AM}t + \varphi_{AM}))\cos(\omega_0 t + \beta_{PM}\cos(\omega_{PM}t + \varphi_{PM})) \qquad (6.65)$$

式中，各参数的定义和前面相同。这里可以使用参数的任意值来计算信号样本，而比较感兴趣的情况是两个调制信号的频率相同。

正弦信号混合调制的例子如图 6-26 所示。图中的两个例子中，用于幅值调制和相位调制的频率相同。这意味着载波频率及其边频在频率轴上的位置相同。除了调制信号（用于幅值和相位调制）的相位关系外，调制过程的参数也是相同的。

两个调制信号的相位差也很重要，其中一个用于幅值调制，另一个用于相位调制。这里的两个例子在相位差上是不同的。这些相位对左侧的调制信号是相同的，但与右侧的调制信号不同。第二个例子的相位差为 $\pi/2$（rad）。调制信号的频谱中，边频关于载波频率的对称性受调制信号相位关系的影响。相位之间 0 偏移，反映了边频幅值的对称性，而相位之外的调制信号则导致了在调制信号频谱中的边频幅值非对称。调制信号在相位上产生了关于载波频率的对称性，而调制信号有相位偏移则导致了边频幅值的不对称。

最后需要说明的是，不管是何种形式的调制，其本质在时域上是函数相乘（即原始信号与载波信号的相乘），在频域上是频谱偏移（即原始信号的频谱搬移到载波信号的频谱附近）。

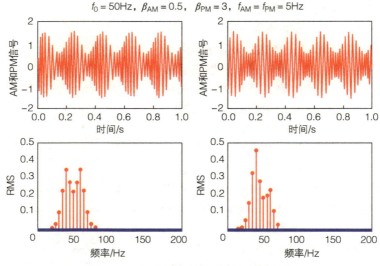

图 6-26　幅值调制信号和相位调制信号

6.6.4　调制信号的解调

对于连续时间信号，当时间函数的变量被指数变量取代后，就变成了离散时间。

由机器运转产生的振动噪声信号，其频谱中包含了许多占主导作用的部分，每一部分的幅值和相位都可以通过改变力矩或转速的形式进行调制。由于变速器中包含了轴和齿轮，使得其结构的机械刚度大、阻尼小，尤其是扭转振动的阻尼更小。通过将调制的载波频率进行解调，并致力于发现振源，是机械振动噪声的分析工具之一。

需要说明的是，只有当一个信号调制了正弦信号时，解调方法才可以控制。除了占主导的部分，频谱中的其他部分必须通过带通滤波器才能得到。同时，只有载波频率和相邻的边频部分可能保留下来。使用频域中的带通滤波来处理待解调的信号，这个过程可以用如图 6-27 所示的例子进行说明。

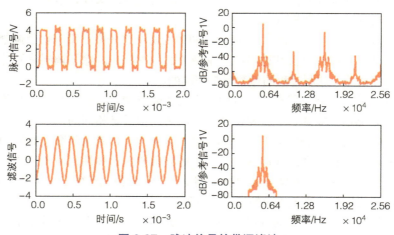

图 6-27　脉冲信号的带通滤波

由 IRC 传感器产生的一系列脉冲，通过相位解调后可知，其中包含了瞬时频率变化的信息。脉冲信号的频谱中包含了几个要分析的基础频率的谐波（见章末 Note4）。使用带通滤波可以分离一个包含载波频率和相邻边频的频带，总的带宽等于载波频率，再使用傅里叶逆变换就可以得到调制的谐波信号。

6.7 阶次分析

变速器是典型的以循环形式运转的机器，其中的齿轮副在每个循环中都有固定的啮合周期。对于由此产生的振动噪声信号，分析中主要关注的是转速及其谐波。相比于频谱，这些信号的频率分析更倾向于使用阶次谱。阶次作为标记的一个无量纲参数，是基础转频的倍数。这里的基础转频通常关心的是旋转机械的某些部分，如轴、齿轮等。对于变速器这样的机械，需要选择的基础频率可能不止一个。样本信号仍是一系列时间上等距分布的样本，采样过程在固定增长的旋转角度上也是等距的，时间也可以被转角或转的圈数代替，这里的圈数包含了完整及不完整循环的全部圈数。阶次谱的评估可以使用在无量纲循环中测得的时间信号，而不是 s；相应的 FFT 谱是在无量纲阶次中测得的，而不是频率（Hz）。这个技术称为阶次分析或追踪分析，因为转动频率是被追踪的，并用来进行分析。阶次追踪只聚焦于频谱的一个部分。

阶次谱中的横轴表示的是前面提到的倍数，也就是做旋转运动机械的基础转动频率的倍数。如果频谱是从完整循环的时间记录中计算得到的，则阶次谱就只包含前面提到的基础频率的谐波。阶次谱中相邻谱线的距离等于 1 阶（ord）。对于 n 个完整连续循环的阶次谱，其分辨率就是一个 $1/n$（ord）。需要注意，阶次谱的分辨率是循环数的倒数。

振动噪声频谱中的主要部分是和机器的转动频率相关的。旋转机械的测试工况通常包括稳定转速、升速和降速。不同条件下阶次谱中的峰值位置是相同的，且和转速无关。需要说明的是，任何驱动单元都不是以恒定转速旋转的，而是围绕着一个平均值缓慢变化。固定信号采样频率时，转速的变化使得频谱中的主要部分发生拖尾现象。为此，可以在角速度恒定增加的情况下进行信号采样。同时，可以在转轴的多个位置上进行转速测量，以保证振动噪声分析的准确性。

6.7.1 转速测量

转速的测量是以 r/min 表示的。确定瞬时转速的最简单方法，是求得转轴一个完整周期的时间区间长度的倒数。完整周期以一系列脉冲表示，称为转速信号，其可以由光学传感器生成。轴每旋转一圈会产生一个脉冲，由此测量得到的转速可以满足精度要求。一个转速脉冲序列如图 6-28 所示。图中也显示了一个完整循环的时间区间以及在其开始和结束时的确定过程。

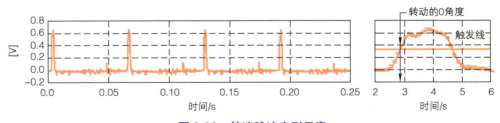

图 6-28 转速脉冲序列示意

产生脉冲系列的传感器，需要和信号分析仪的 DC 输入端连接，并随着转速的增加进行信号的采集。如果将这些信号连接到一个高通滤波器时，则当转速增加时，信号高于 0 的部分将减少。这就会产生计算转速时的触发线设置问题，而这个问题又会影响传感器的输出信号，即传感器产生脉冲信号，而信号的幅值又依赖于转速。

对于用于转速测量的采样频率，可以通过每循环的脉冲数确定。除了关于转速的采样频率外，还有奈奎斯特频率。即如果每循环测量了至少 $2m$ 个脉冲，则在每个循环中对应 m 个周期的频率处，就可以根据奈奎斯特 - 香农采样定理确定角速度的变化。但基于这种采样方法时，转速的测量中会伴有混叠的增加。

对相邻脉冲间的时间区间长度的估算，其准确性依赖于脉冲间时间记录的样本数。如果样本数少，则估算的误差就大。但若在多个完整的周期中，通过设定脉冲间的平均距离，就可以实现平滑的效果。

对于要测量转速的轴，如果不能在轴上布置触发器，则可以使用两轴间测得的速度和齿比来计算轴的转速。而当轴以固定的角度间隔转动时，通过传感器探测到各个时刻，就能提供角速度信号，也进一步可以得到角加速度。

6.7.2 数字阶次追踪

为了使采样频率和转动角速度之间实现同步，需要对恒定采样频率下得到的信号进行重采样，目的是确保每循环的样本数相同。在这里使用的是插值的方法，从而得到在一对相邻已知样本中的新样本，如图 6-29 所示。

由于反混叠滤波瞬时频带的影响，为满足奈奎斯特 - 香农原理则需要每个周期有两个以上的样本。而对于一些商用的信号分析仪，一个正弦信号每个周期至少需要 2.56 个样本。此外，对于测量范围内最高频率的信号部分，为了使重采样的精度足够高，每个周期至少需要 $2 \times 2.56 = 5.12$ 个样本。对于正弦信号来说，即使每个周期 5.12 个样本也不算多，还需要通过在 A/D 转换器的相邻样本之间插入一个或三个样本，将采样速率进行人为地双倍或 4 倍地放大，这个过程称为增采样。一个 4 倍增采样的例子如图 6-30 所示，其中的原始正弦信号每个周期包含了 5 个样本。线性插值会产生一个可预见的误差，通过在相邻样本间插入 3 个新样本后可以减少这种插值误差。

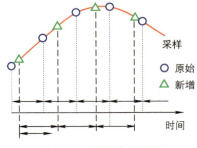

图 6-29　新样本的插值　　　　图 6-30　4 倍增采样信号

增采样过程的算法解释如图 6-31 所示。通过在相邻样本之间插入三个零值，1Hz 正弦信号的采样频率被增加了 4 倍，即由原始的 8Hz 变为了 32Hz。图 6-31a 中的 1Hz 正弦信号周期，包含了 8 个样本，相应的频谱如图 6-31b 所示；插入零值后的时间信号及其频谱如图 6-31c 和图 6-31d 所示。可知，在中间和右侧的信号采样频率比左侧原始信号变大了 4 倍，为 32Hz。

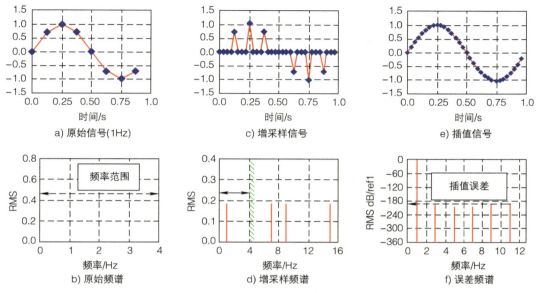

图 6-31 增采样过程的算法解释

在增采样信号频谱中,有两个成对的双边频谱,但下方的频谱图只显示了单侧的频谱。原始信号的频率范围为 0~4Hz,增采样后则变为 0~16Hz。有零值信号的频谱中,对于频率大于 4Hz 的增加部分,是通过使用一个数字低通滤波器得到的。增采样时间信号的采样频率为 32Hz,如右上角图所示,相应的频谱显示在其下方。这个频谱的纵轴单位为 dB,对应于原始信号的幅值。可知,频谱的主要部分是 1Hz,但其中也包含了背景噪声,其 RMS 值小于 −180dB,即噪声部分的 RMS 值要比原始信号的幅值小 10^{-9}。

计算阶次谱的简要描述如流程图 6-32 所示。运转在非稳定转速下的机器,将其振动噪声信号进行重采样也可得到每循环相同的样本数,这也适用于时域内信号的同步滤波。

前面描述的重采样过程的例子如图 6-33 所示。信号在频率 1024Hz 下采样,记录时间为 1s。

信号频率为 150.5Hz,幅值为单位幅值,其 RMS 值为 0.707。频谱计算了 400 条谱线(见章末 Note5),即相邻线之间的距离为 1Hz。此处也没有使用时间窗。图中上面一行图的频谱是线性表示,下面一行则以对数表示。信号的频率比虚拟机器的转速大 100 倍,转速信号的频率为 1.505Hz。左面一栏的频谱被转化为右侧的阶次谱。

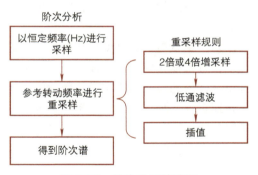

图 6-32 阶次分析的流程

对于虚拟机器的一个完整循环,信号重采样得到 512 个样本。阶次谱中 RMS 的最大值为 0.706,这个值和准确值之间仅相差了 0.001。而图中重采样信号阶次谱的对数纵轴上显示,误差部分的 RMS 值比原始信号的 RMS 值小了 0.0004。重采样信号频谱中的最大误差 RMS 值为 65dB,也比原始信号的 RMS 小。需要注意的是,重采样误差的估计值关注的是恒定频率的正弦信号。

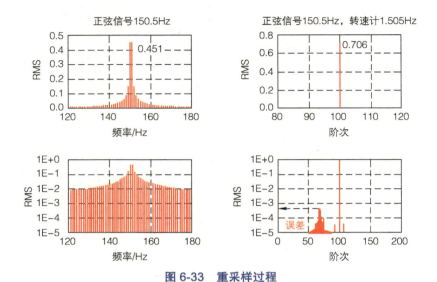

图 6-33 重采样过程

阶次分析对于一些特殊工况得到的信号尤为重要,如旋转机械的升降速以及由于载荷变化引起的转速随时间轻微变化的情况。频谱的计算可以从恒定长度记录的信号中得到,而阶次谱可以专注于选定的循环,且每个循环的样本数是恒定的,如图 6-34 所示。与转频的固定倍数相对应的频率部分,在阶次谱中处于相同的位置。

对于测量时转速高低变化的情况,需要合理地设置采样频率,以保证重采样后不会引起选定范围内的混叠或阶次谱线数量的问题。如果转速提高,则重采样的频率也应提高,但其频率范围通常会小于反混叠滤波的带宽。

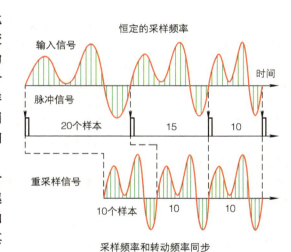

图 6-34 每循环相同样本数时的重采样信号

6.7.3 频域分析法

频域分析法关注的是以 Hz 形式表示的频谱或以阶次形式表示的基频的倍数。对于变速器的振动噪声,关注点主要在声压和振动上,如加速度、速度或位移。声压由传声器测得,振动主要由加速度传感器得到。频谱的测量模式依赖于旋转机械的运行条件,有的机器以恒速转动,而像车辆这类机械的运行转速范围则很宽。

机器上测得的振动或噪声的结果是一个频谱,可以是瞬时的或平均的。其中占主导的频率依赖于机器的转速,因此转速的信息很重要。而从阶次谱计算中得到的信号,由于采样频率和转速是同步的,则关于转速的信息就不那么重要了。

某变速器振动测量的例子如图 6-35 所示。加速度传感器的布置位置靠近齿数为 27 的齿轮,齿轮转速为1293r/min。由这些数据可计算得到齿轮的啮合频率（GMF）为582Hz。与其相对应的啮合齿轮齿数为46，转速为759r/min。此外，从采集到的加速度信号中也可计算得到频谱的频率和阶次。由上图可知，与齿数为27的齿轮啮合相关的频谱部分，其均方根值几乎是完全相同的。

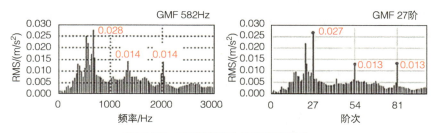

图6-35　变速器振动的频率和阶次

变速器的工作转速不是绝对恒定的，因此对其进行振动或噪声测试时必须模拟实际的运行条件，即在一个很宽的工作范围内的任何转速下进行测量。一般情况下，商用车变速器噪声测量对应的转速范围为1000～2200r/min。升速噪声测量时，变速器输入轴的转速以恒定的速率增加，测试时间大约40s，声压信号通过传感器来记录，将其布置在变速器壳体1m位置处。

变速器声压级的多谱如图6-36所示，其由多个瞬时谱组成，速度间隔约为25r/min。为了计算瞬时谱，使用了A计权，同时所加的时间窗函数类型为汉宁窗。根据它的显示特点，多谱也称为运动谱或瀑布图。

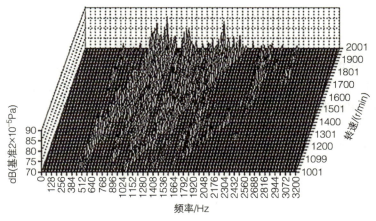

图6-36　变速器声压级的多谱

多谱是一个三维表格，其中包含了一行一行的峰值，且由于相邻频谱之间都很连续，所以整体就像山脉一样。有些行的峰值和转速轴平行，因此就不依赖于转速，峰值的频率也不变。

这些峰值主要来源于变速器结构某些部分的共振，峰值的频率成比例地依赖于转速，所以这些振动称为受迫振动。只有当转速变化时，才能区分是共振还是受迫振动。

对于工程师来说，首要任务是要知道一个具体的振动或噪声源对整体声压级的影响大小，通常会将关注点聚焦在多谱峰值的各个行上。这些峰值的最大均方根值不依赖于转速，称为切片，可以通过追踪滤波器直接测量，也可以从多谱中计算得到。由齿轮引起的振动或噪声的大小，与一定频率阶次下相应的多谱部分的大小相等。由阶次谱组成的多谱，包含了对应于啮合频率的部分。频率阶次和齿数都是整数。对于齿轮轴的转速，在进行了重采样之后，则阶次谱中的啮合频率及其谐波就是齿数的整数倍。由齿轮引起的、其他轴的阶次谱中的频率，需要通过齿比修正，且通常不是整数。如果重采样和一个完整齿轮循环同步，则阶次谱中频率之间的差值就等于1阶，但如果重采样和4个完整循环同步，则差值等于0.25阶。

在进行变速器噪声的分析时，通过与基础频率有倍数关系的切片，可以确定齿轮副对整体声压级的贡献量。这里以某变速器为例进行说明，其内部轮系结构如图6-37所示。

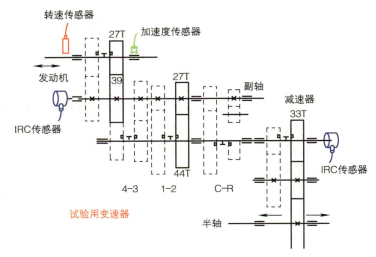

图6-37 齿轮内部轮系结构简图

变速器噪声试验在一个半消声室进行，传声器布置在距离变速器壳体1m位置处进行噪声采集。输入轴处的转矩为1100N·m，试验包括三个带载齿轮副：主箱中的两个和减速箱（DG）中的一个。阶次谱的计算和变速器输入轴转速有关，输入轴转动频率以阶次的形式表示，阶次谱中相邻部分的频率差为0.25阶。整数的阶次对应输入轴上齿轮的齿数，其他部分不一定和频谱中的频率相同，因此有必要对相应的RMS进行插值。

变速器1m噪声的阶次多谱如图6-38所示。

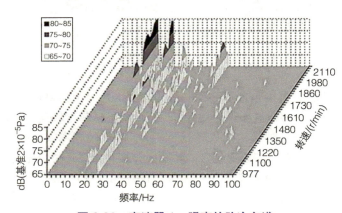

图6-38 变速器1m噪声的阶次多谱

频谱切片相互平行,且都平行于转速坐标轴。阶次切片的数值与转速的对应关系如图 6-39 所示,由图可知,频谱数值随输入轴转速的变化而变化。三个带载齿轮副的声功率可以加在一起,结果就是变速器中齿轮的声功率,将其转化为以 dB 表示的声压级时即为图 6-39 中所示。这个声功率可以和总声压级对比,由此确定是否还有其他的声源,如轴承噪声,或空载且未锁定的啮合齿轮噪声等。

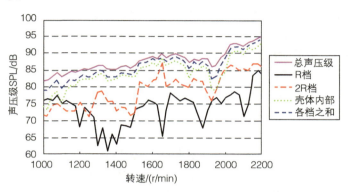

图 6-39 阶次切片的数值与转速的对应关系

6.7.4 齿轮的阶次分析

通过上面的阐述可知,阶次分析是一个将频谱及时间历程与旋转部件的转速关联起来的工具,也是旋转或往复式机械振动或噪声信号重要的分析方法。

通常,旋转部件在运行时产生的振动或噪声响应会随着转速的变化而变化,阶次就是反应结构部件旋转产生的振动或噪声响应与转速之间对应关系的量,为转速的倍数。阶次、转速和振动或噪声频率间的关系可表示为

$$f = \frac{Nn}{60} \tag{6.66}$$

式中,f 为频率(Hz);N 为阶次数;n 为转速(r/min)。从而可以得到不同转速下、不同阶次所对应的频率。

与阶次分析相对应的是频谱分析。频谱分析作为另一种常用的分析方法,其显示的是振动噪声信号幅值随频率的变化特征,也就是频谱图。频谱分析基于时间周期,即用频率表示振动或噪声事件每秒发生的次数;而阶次分析则是记录振动或噪声信号的幅值随转速的倍数(阶次)的关系,也就是阶次谱图,它基于旋转周期,即用阶次表示振动或噪声事件每转发生的次数。

对于频谱图所展示的信号,振动噪声的频率将随着转速的升高而升高,即在以频率为横坐标的图中,与转速相关的噪声信号的频谱线是移动的。如果将测量的转速变化区间一段时间内的噪声信号以平均噪声频谱的形式显示时,就会使得各个谐波成分的频带变宽,出现不同发声部件之间的噪声频带重叠的情况,难以区分某个频段内不同部件的噪声贡献量。

而对于阶次谱展示的信号,横坐标为阶次,与转速相关的振动噪声信号的阶次谱线是固定不动的。这样,不仅可以得到各个发声部件的准确峰值,还可以识别出各部件的贡献量。

如果为了研究某个或某几个阶次噪声辐射随转速的变化情况,可以将这些阶次在不同转速下的幅值信号提取出来,形成噪声幅值随时间或转速的变化曲线,称为阶次切片图,也就是

图 6-39 所示的结果。阶次切片除了可以把不同阶次的结果显示在一起进行对比分析，还可以把同一阶次在不同工况下的变化进行比较。

对于变速器而言，重点关注的是定轴齿轮和行星齿轮。

1）定轴齿轮。其转动频率等于转速除以 60，啮合频率等于转频乘以齿数。由于阶次描述的是旋转一圈内振动或噪声发生的次数，即等于转频乘以阶次，所以阶次等于 1s 内事件的频率除以转频。对于齿轮，阶次等于啮合频率除以转频，就是齿数。

一般情况下，要以输入轴的转频或转速作为参考来计算阶次，也即把输入轴的阶次作为参考阶次。因此，各个齿轮的阶次就是其所在轴的阶次乘以齿数。当以输入轴的转速作为参考时，齿轮所在轴的阶次和传动比相关，即齿轮的阶次等于其齿数除以所在轴相应的传动比。例如一对齿轮副，主动齿轮齿数为 z_1、转速为 n_1，从动齿轮齿数为 z_2、转速为 n_2，则传动比 $i = n_1/n_2 = z_2/z_1$，因此从动齿轮的阶次即为 z_2/i，也就是 z_1。所以，当假定齿轮所在轴的转频为 1 阶次时，则齿轮的阶次等于齿数。同时，当以不同的轴作为参考时，同一齿轮的阶次是不同的。在一对啮合齿轮副中，两个啮合齿轮的啮合频率是相等的，齿轮的阶次也是相等的。

2）行星齿轮。这里只介绍变速器中最简单的单排单级行星齿轮，假定太阳轮齿数为 z_1（转速 n_1），行星轮齿数为 z_2（转速 n_2），内齿圈齿数为 z_3（转速 n_3），行星架转速为 n_H，分别讨论不同情况时的啮合阶次。

当内齿圈固定、太阳轮输入、行星架输出时，此时传动比为 $n_1/n_H = 1 + z_3/z_1$。使用反转法（整个轮系施加一个反向的 n_H）将行星轮系转化为定轴轮系后，内齿圈转速变为 n_H（绝对值大小），行星架转速变为 0。则此时的啮合频率 f_G 为

$$f_G = \frac{z_3 n_H}{60} \tag{6.67}$$

再考虑传动比即可得出啮合阶次 ord 为

$$\text{ord} = \frac{z_3}{i} = \frac{z_3}{1 + \dfrac{z_3}{z_1}} \tag{6.68}$$

当太阳轮固定、行星架输入、内齿圈输出时，同样使用反转法计算，此时太阳轮转速变为 n_H（绝对值大小），行星架转速变为 0。则此时的啮合频率 f_G 为

$$f_G = \frac{z_1 n_H}{60} \tag{6.69}$$

由于此时行星架是主动轮，因此啮合阶次即为 z_1。

当行星架固定、太阳轮输入、齿圈输出时，相当于是定轴齿轮，因此啮合阶次为太阳轮齿数 z_1。

6.8 典型故障对应的信号特征

典型故障对应的信号特征主要包括阶次谱和时频域两方面。

6.8.1 阶次谱故障特征

通过故障信号的阶次谱进行机械诊断，可以识别出特定的故障类型。常见的故障特征及其对应的阶次谱如图 6-40 所示。

第6章 变速器主要的振动噪声特征

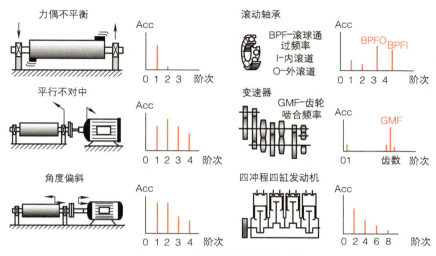

图6-40 典型故障特征的阶次谱

阶次谱依赖于选定的基础频率,对于变速器来说,通常包含多个基础频率,例如不同转速的几个齿轮轴。为了使频谱与振动或噪声源对应起来,就需要引入一个系数,也就是基础频率的倍数,从而得到频谱部分的频率。这个系数也决定了振源的可能位置。除滚动轴承外,图6-40中所有其他主要部分都是基础频率的谐波。而滚动轴承缺陷产生的振动频率,通常是内圈转动频率的非整数倍。

图6-40关注的是转动频率的低倍数部分,这个频率的声音不易被听见,但变速器产生的噪声频率常高得多。一般情况下变速器振动的阶次谱中会包含的一个部分是齿轮啮合频率(GMF),它是齿数和齿轮转动频率的结果。

6.8.2 故障齿轮的时频域特征

没有缺陷的正常齿轮,其振动主要是由于自身的刚度引起的[15]。由于刚度的影响,啮合产生的时域信号为周期性的衰减波形,低频信号近似为正弦波,如图6-41所示。

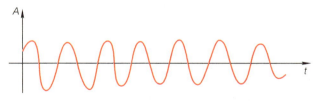

图6-41 正常齿轮时域低频振动波形

与其对应的频域上则包含啮合频率及其谐波分量,即 nf_c(n = 1, 2, …),且主要以啮合频率为主,高次谐波依次减小;同时,在低频处还有齿轮轴的转动频率及其高次谐波 mf_r(m = 1, 2, …)。频谱如图6-42所示。

当齿轮存在故障时,相应的时域和频域振动信号

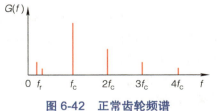

图6-42 正常齿轮频谱

不再与上述信号相同。主要的齿轮故障包括均匀磨损、齿轮偏心、不同轴、齿轮局部异常、齿距误差及不平衡齿轮等，接下来分别进行说明。

1）齿轮均匀磨损。齿轮均匀磨损是指由于齿轮的材料、润滑等方面的原因，或者齿轮长期在高负荷下工作造成的大部分齿面出现磨损的现象。此时，齿侧间隙变大，会使其正弦波式的啮合波形遭到破坏。磨损齿轮的时域振动波形如图 6-43 所示。

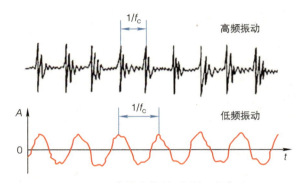

图 6-43　磨损齿轮的时域振动波形

其中，f_c 为齿轮啮合频率，与其谐波分量 nf_c（$n = 1, 2, \cdots$）在频谱图上的位置保持不变，但幅值改变，且高次谐波幅值相对增大较多，如图 6-44 所示。随着磨损的加剧，有时还会出现 $1/k$（$k = 2, 3, 4, \cdots$）的分数谐波。

2）齿轮偏心。齿轮偏心是指齿轮的中心与旋转轴的中心不重合的现象，一般是由于加工造成的。当一对啮合齿轮副中有一个齿轮存在偏心时，其时域振动波形由于偏心的影响会被调制，产生调幅振动，如图 6-45 所示。

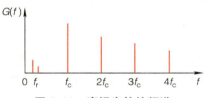

图 6-44　磨损齿轮的频谱

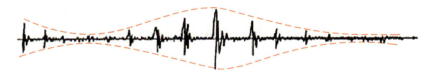

图 6-45　齿轮偏心的时域振动波形

相应的频域上主要有两方面的反映：一是以齿轮的转动频率为特征的附加脉冲幅值的增大；二是以齿轮一转为周期的载荷波动，从而导致调幅现象，此时的调制频率为齿轮的转动频率，远小于所调制的啮合频率，如图 6-46 所示。

3）齿轮不同轴。齿轮不同轴是指由于齿轮和轴装配不当造成的齿轮和轴不同轴的现象，其会使齿轮产生局部接触，导致部分齿轮承受了较大的载荷。

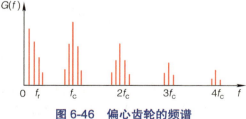

图 6-46　偏心齿轮的频谱

当齿轮出现不同轴或不对中时，其振动的时域信号具有明显的调幅现象，如图 6-47 所示的低频振动波形。

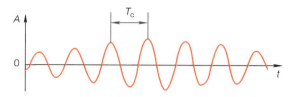

图 6-47　不同轴齿轮的时域低频振动波形

与其相对应的频谱图如图 6-48 所示。可知，由于振幅调制的作用，使得频谱图上出现以各阶啮合频率 nf_c（$n=1,2,\cdots$）为中心、以故障齿轮的转动频率 f_r 为间隔的边频族，即 $nf_c \pm f_r$（$n=1,2,\cdots$）。同时，故障齿轮的转动特征频率 mf_r（$m=1,2,\cdots$）在频谱图上也有一定的反映。

4）齿轮局部异常。齿轮局部异常通常包括齿根有较大裂纹、局部齿面磨损、轮齿折断（断齿）、局部齿形误差等情况，如图 6-49 所示。

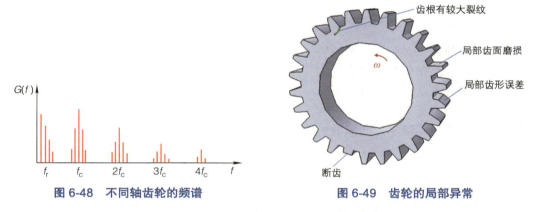

图 6-48　不同轴齿轮的频谱　　　　图 6-49　齿轮的局部异常

局部异常齿轮的时域振动波形是典型的以齿轮转动频率为周期的冲击脉冲，如图 6-50 所示。

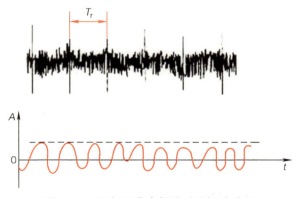

图 6-50　局部异常齿轮的时域振动波形

由于裂纹、断齿或齿形误差的影响，局部异常齿轮的频谱主要以转动频率为主要特征，如图 6-51 所示。

5）齿距误差。齿距误差是指一个齿轮的各个齿距不相等，有误差存在的现象。齿距误差是由齿形误差造成的，几乎所有的齿轮都存在微小的齿距误差。

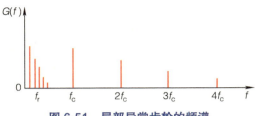

图 6-51　局部异常齿轮的频谱

具有齿距误差的齿轮，其振动波形理论上应具有调频特性，但由于齿距误差一般在整个齿轮上以谐波形式分布，故在低频下也能观察到明显的调幅特征，如图 6-52 所示。

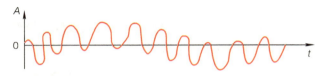

图 6-52　齿距误差齿轮的时域振动波形

由于齿距的误差会影响齿轮旋转角度的变化，因此在频域上会表现为包含转动频率的各次谐波 mf_r（$m=1, 2, \cdots$）、各阶啮合频率 nf_c（$n=1, 2, \cdots$）以及以故障轮的转动频率为间隔的边频 $nf_c \pm mf_r$（$n, m=1, 2, \cdots$）等，如图 6-53 所示。

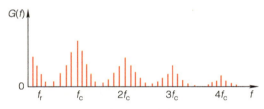

图 6-53　齿距误差齿轮的频谱

6）不平衡齿轮。齿轮的不平衡是指齿轮的质心和回转中心不重合，从而导致齿轮副的不稳定运行和振动。此时，齿轮在不平衡力的激励下会产生以调幅为主、调频为辅的振动，其时域振动波形如图 6-54 所示。

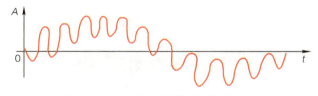

图 6-54　不平衡齿轮的时域振动波形

由于齿轮自身的不平衡产生的振动，将在啮合频率 f_c 及其谐波两侧产生 $nf_c \pm mf_r$（$n, m=1, 2, \cdots$）的边频族；同时，受不平衡力的激励，齿轮轴的转动频率及其谐波 mf_r 的能量也会增加，其频谱如图 6-55 所示。

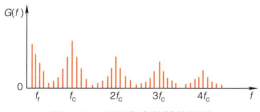

图 6-55　不平衡齿轮轴的频谱

Note1. 传递误差（Transmission Error，TE）

如果一对齿轮在设计制造时没有缺陷、装配误差为 0，且刚度也无穷大，则此时它们的转角与半径的关系如下：

$$\frac{\theta_1}{\theta_2} = \frac{r_{b1}}{r_{b2}}$$

式中，θ_1 和 θ_2 为主动齿轮和从动齿轮转角；r_{b1} 和 r_{b2} 为主动齿轮和从动齿轮基圆半径，如图 6-56 所示。

但在实际中，因为加工精度不足、装配问题以及啮合刚度的变化等原因，使得上式左右两侧不相等，也即存在传递误差，其定义为给定任意的主动齿位置，从动齿的实际位置和理想位置之间的误差，如下式所示：

$$\mathrm{TE} = \theta_2 r_{b2} - \theta_1 r_{b1}$$

传递误差的几何示意图如图 6-57 所示。

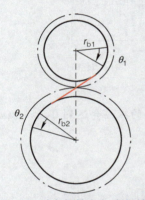

图 6-56 一对齿轮转角与半径的关系

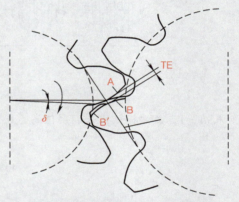

图 6-57 传递误差的几何示意图

齿轮传递误差的来源有两种：

① 齿轮理论参数设计不合理，或实际加工生产中由于设备精度不足导致的较大误差；

② 齿轮的啮合错位。即齿轮齿宽方向一端相对另一端的最大张开量。引起错位的因素有很多，如载荷过大、轴或轴承的刚度不足等。

Note2. 惯性力矩

惯性力矩（Moment of Inertia，MOI）常用来表示物体在受到力矩作用时，绕着其中心轴转动的容易程度。典型的例子是高尔夫球杆，即，MOI 越大，杆头越不容易绕着支轴转动；MOI 越小，杆头越容易转动。

惯性力矩也称为动量矩，它等于转动惯量乘以角加速度。也就是定轴转动定律中所描述的"合力矩等于转动惯量乘以角加速度"。

其单位换算推导如下：

力矩的单位为 $\mathrm{N \cdot m} = \mathrm{kg \cdot m^2/s^2}$，转动惯量单位为 $\mathrm{kg \cdot m^2}$，角加速度的单位为 $\mathrm{rad/s^2}$，而弧度 rad 等于弧长除以半径，本身是无量纲的。因此，转动惯量乘以角加速度后的单位即为 $\mathrm{N \cdot m}$。

Note3. 调制指数 β_{AM}

调制指数的英文为 modulation index 或者 modulation depth，表示调制变量在载波未经调制时的值附近的变化程度，在不同的调制类型中有不同的定义。

1) 振幅调制（Amplitude modulation index）计算公式为

$$m = \frac{\text{peak value of } m(t)}{A} = \frac{M}{A}$$

式中，A 为载波的振幅；M 为射频信号峰值超出未调制值的部分。如果 $m = 0.5$，载波振幅比未调制值高（或低）50%，如图 6-58 所示。

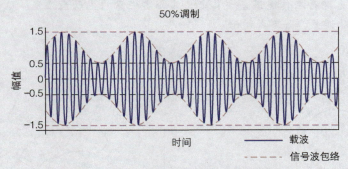

图 6-58　$m = 0.5$ 时的振幅调制波形

如果 $m = 1$，载波振幅比未调制值高（或低）100%，波形的振幅会达到 0 值，如图 6-59 所示。

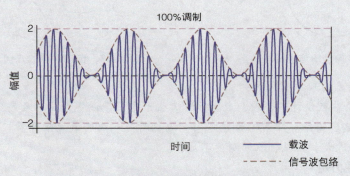

图 6-59　$m = 1$ 时的振幅调制波形

2) 频率调制指数（Frequency modulation index）与载波频率的变化量有关。

$$h = \frac{\Delta f}{f_m}$$

式中，f_m 为调制信号的最高频率成分；Δf 为峰值频率偏移，也就是瞬时频率偏移载波频率的最大值。

$h \ll 1$ 时，调制被称为 NFM（narrowband FM），其带宽大约为 $2f_m$。有时调制指数 $h < 0.3$ 时被认为是 NFM，其他的被称为 WFM（wideband FM）或者 FM。

3）相位调制指数（Phase modulation index）与载波信号的变化量有关：$h = \Delta\theta$，$\Delta\theta$ 是相位偏差的峰值。

频率调制和相位调制是角调制的两种互补的主要方法，相位调制常作为实现调频的中间环节。

Note4. 谐波

所谓谐波，是指频率比主要信号频率（也就是基频）高的信号，如电网中主要是50Hz的电压，但是在某些情况下会出现100Hz，150Hz，或者更高的频率的信号，当谐波信号的频率是基波信号频率的奇数倍时（如150是50的三倍，三为奇数），则称该谐波为奇次谐波。其特点是将奇次谐波信号平移半个周期后，和原来的波形正好是倒的。

偶次谐波是指额定频率为基波频率偶数倍的谐波分量。将偶次谐波信号平移半个周期，和原来的波形重合。

Note5. 谱线

对时间信号进行傅里叶变换（FFT）得到的频谱并不是连续的，而是呈离散状态，相邻的两个离散频率点的间距为一个频率分辨率，这些离散频率点对应的一条条线称为谱线。

或者说，如果用频率分辨率来划分带宽，将其分为若干等份时，则每个等份处即为一条谱线，这些谱线处的频率是频率分辨率的整数倍。例如带宽为200Hz，频率分辨率为1Hz，则会有200条谱线，频率对应1～200间的自然数。FFT计算得到的结果只会分布在这些谱线上，其他地方没有数值。

谱线并非真实的线条，而是代表在这个位置上有一个傅里叶变换得到的数值。

第7章 振动与噪声优化

在前面的章节中，分别对齿轮基础知识、振动噪声基础、信号处理以及变速器的振动噪声知识等进行了介绍。本章重点对变速器振动与噪声优化的相关内容进行阐述，包括传递误差、悬置、部件结构、阻尼等。

7.1 传递误差

由于传递误差是变速器振动噪声的重要来源，因此减小传递误差是降低变速器振动噪声的一个有效方式。

7.1.1 传递误差的测量

齿轮啮合中的振动和噪声问题主要关注的是驱动的平顺性，用来衡量平顺性的参数就是传递误差（TE）。传递误差可以表达成基圆半径处的一个线性位移，定义为输出齿轮实际位置和理想位置的差值，而理想位置指的是轮齿完全刚性时的位置。传递误差主要来自制造误差，如型线误差和齿节圆误差等，但也会来自一些不合理的设计。有许多文献已经证实，减小齿轮噪声的主要目标就是减小齿轮副的传递误差。试验表明，传递误差降低10dB（差不多减小3倍），可以降低变速器噪声7dB。

轮齿挠度的存在使得啮合刚度并不是无限大，因此带载时会使轮齿产生渐开线偏斜。同时，变速器和轴也会由于载荷作用产生偏斜。此外，带载运行时一个很重要的参数是齿的接触刚度，接触刚度的不断变化就产生了参数振动激励，并由此产生噪声。

TE来自啮合齿轮的角振动。对于旋转过程中的角振动测量方法，主要包括以下几种[7]：
① 切向布置加速度传感器；
② 基于多普勒效应的激光扭转振动测量仪；
③ 增量式旋转编码器（每循环有几百个脉冲）。

瞬时角速度和时间区间的倒数成比例，也就是连续脉冲之间的间隔。时间区间长度的测量方法为：
① 采样数和插值；
② 高频振荡器（100MHz）和脉冲计数；

③ 相位解调。

瞬时转速最简单的测量方法，是取两个连续脉冲之间的时间的倒数。如果脉冲信号是采样得到的，则相邻脉冲间的时间长度可以通过插值确定。为了得到准确的转速测量值，必须保证轴每转动一圈时只包含一个脉冲。如果包含了多个脉冲，则此方法不再适用，因为脉冲之间会产生其他的一些样本数据，而且也不能准确地估计出时间区间的长度。对于 TE 的评估，瞬时角速度是基本信息，除此之外还需要进行关于时间的数值积分。

下面介绍一个使用编码器进行 TE 测量的例子，测量对象是一对齿数分别为 27 和 44 的齿轮副。小齿轮转速为 1038r/min，绕转轴的转矩为 1300N·m。小齿轮和大齿轮分别安装在副轴和输出轴上。增量式旋转编码器 E1 和 E2 固定在小齿轮轴和大齿轮轴上，两个编码器都会产生一系列脉冲。为了满足采样定理的要求，必须在每个啮合循环中都要对脉冲进行记录。这也就意味着每个编码循环产生的脉冲数必须是齿数的倍数。例如如果要得到啮合频率的 5 倍谐波，则每个啮合循环的脉冲数必须至少比齿数大 10 倍。

由于啮合频率处存在齿轮转速波动，就会产生脉冲信号基频的相位调制。前面已经提到过，相位调制信号包含了很多围绕载波部分的边频信号，如图 7-1 中对于齿数为 27 的小齿轮的 $500 \pm 27k$ 阶次，以及对于齿数为 44 大齿轮的 $500 \pm 44k$ 阶次。其中，$k = 1, 2, 3, \cdots$ 是一个整数。

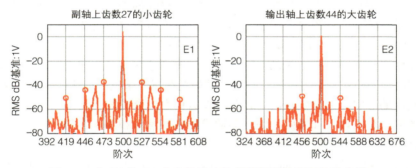

图 7-1　由 E1 和 E2 产生的脉冲信号基频相位调制的阶次谱

需要说明的是，两个边频族中占主导的部分都超过了背景噪声至少 20dB 甚至更多。两个频谱都是从时间信号上进行的评价，而时间信号则是齿轮 100 个循环测试后同步平均的结果。副轴和输出轴的标准化相位及阶次谱如图 7-2 所示。

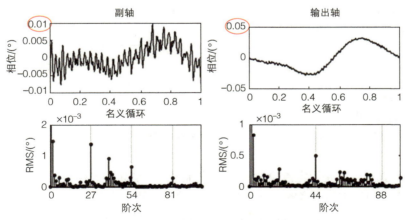

图 7-2　副轴和输出轴的标准化相位及阶次谱

通过对频域使用梳状滤波，可以得到齿数 27 和 44 齿轮副在啮合频率处的角频率振动。梳状滤波带通的中心频率被转换成啮合频率的谐波。小齿轮和大齿轮的边频数分别取为 3 和 5。带通滤波的结果如图 7-3 所示。

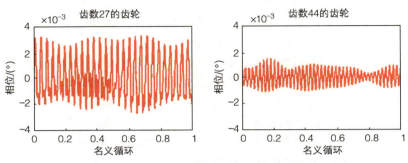

图 7-3　齿数 27 和 44 齿轮副在啮合频率处的角频率振动

图 7-3 中，两个图的波形数是不同的，且两个测量的时间延迟也是未知的。对应齿节圆转动一圈的周期，可以看成是 TE 计算的一个基准。就像振动信号的平均齿啮合一样，两个相位的变化也可以再次被平均，以得到在齿节圆转动时角振动的平均响应。在这种情况下，信号只由啮合频率的谐波组成。在去除了调制的影响后，可以得到只包含 27 或 44 相同波形的纯周期信号。它们中的任意一个都可以被认为是角振动时间历程的一个代表。

由于两个编码信号是分别记录的，因此可以探测到这些信号之间真正的相位延迟。这个问题能够得到解决，要归功于平均齿啮合响应，例如变速器上某点的加速度和啮合齿间的动态力，理论上具有相同的形状，且发生在同一时刻。以这种方式合成的平均齿啮合信号，可以被认为是平均处理的第二个阶段。如果两个编码器输出的脉冲信号和加速度信号一起采样，则至少在啮合周期内就能有一种方式来调整脉冲信号的相位。

角振动的相位和转角相同，而转角是可以转化为弧长的。两个弧长之间的差值就产生了 TE，它是齿节圆转动时在周向的一个函数。重复三次的齿节圆转动的结果如图 7-4 所示。这里选择了 TE 的三个周期是为了强调结果的周期性。

传递误差只适合于一个圆形齿距转动的角度，因此可以表征两个齿轮的设计。

7.1.2　传递误差的减小

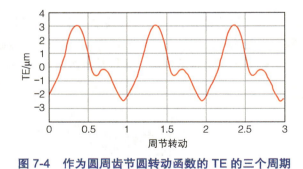

图 7-4　作为圆周齿节圆转动函数的 TE 的三个周期

前面已经提到，减小传递误差是降低噪声的一个有效方式。因此，对于未经磨削加工的齿轮，在遇到噪声问题时，最传统的处理方式就是对齿轮进行磨削加工以减小传递误差，以此来降低噪声，这对于解决一些一次性的问题通常是足够的。

但这种处理方式一般是假定齿轮的设计是准确的，只是其加工存在误差，不过这对于老的设计一般不成立，因为它们更多的问题是在型线的设计上就不够准确。

为了减小传递误差，首先要找出引起误差的原因，而且更重要的是要关注齿轮在承受工作载荷时的情况，而不是空载时的情况，如图 7-5 和图 7-6 所示[16]。此外，与斜齿轮相比，直齿轮的研究可能相对简单些。

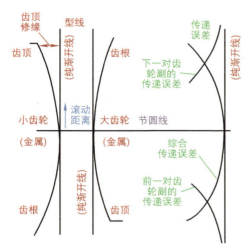

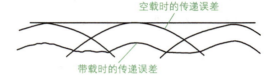

图 7-5　由齿面型线形状综合得到的传递误差　　图 7-6　载荷对传递误差的影响

由图可知，低载荷时传递误差较高，随着载荷的增加，传递误差会减小，但也不会到达一个很低的水平。因此，一般的做法是将从齿顶到齿面的修形曲线设计成线性形式，并且根据传递载荷的大小选择合适的长度。

当从直齿轮变成斜齿轮后，传递误差最多可减小高达 10dB，但也更依赖于安装时螺旋线的对中精确度等因素。

减小斜齿轮的传递误差是一件更困难的事，因为螺旋线和修形线相互影响，情况会变得更加复杂。因此，更多的是通过合理的齿顶修缘或齿根修形，让啮入啮出的状态更加平稳。齿根修形的典型案例是用于轻载设计的齿轮，其鼓形量大，但齿顶不做修缘。需要注意的是，当传递载荷时，轴会发生挠曲或偏斜，使得螺旋线的啮合不断变化，有时候这种现象会成为噪声的主要影响因素。

通常齿轮的噪声问题会归咎于其制造缺陷，并认为齿轮的设计需要改进，但实际上这与现实是正好相反的。因为与设计相比，齿轮制造时的误差一般控制在几微米的量级。此外，对于传递误差的估测必须要考虑螺旋线误差，因为不管其形状如何，任何被认为完美的螺旋线啮合都存在传递误差，而完美的螺旋线实际上是不存在的。

最后需要说明的是，虽然可以从设计图中得到很多信息，但通过试验测量传递误差的方式仍是不可替代的。

7.1.3　传递误差的允许值

经过前面的介绍之后，我们必然会提出一个问题：传递误差所允许的、正确的或合理的水平到底是多少？但很遗憾，很多时候都不能给出一个和噪声相关的具体的传递误差值。

图 7-7 所示为典型传递误差对啮合偏差的敏感度。对于噪声来说，由偏心引起的 F'_i 是起主要作用的，但却和噪声基本不相关，我们感兴趣的是半稳态时的啮合频率及其谐波部分，而不是突然出现的峰值 f'_i，况且这个峰值可能是由于偏心导致的一个失真值。因此，单独研究 F'_i 和

f'_1 是没有意义的。此外，生产厂也通常不知道将传递误差控制在怎样的水平才是合适的。要得到一个传递误差对啮合误差的敏感值，需要进行频率分析或至少要过滤掉转动频率的影响。

传递误差的控制最终还要看用户对特殊安装状态下噪声的忍受程度。许多案例表明，同样的一个变速器可能在一辆车上表现很好，但在另一辆车上却出现了很大的噪声。实际生产中，制造商都会对传递误差和最终安装后的噪声进行反复检查。

这种反复的检查一方面是要确认噪声和传递误差是否相关，但主要还是对传递误差设置一个允许的值。这可能需要变速器在不同档位下带载时的传递误差是变化的，如低档位时为 12μm，高档位时为

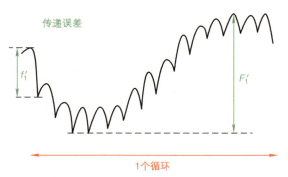

图 7-7　传递误差对啮合偏差的敏感度

3μm。而当引入了允许的传递误差后，就需要关注它是啮合频率及其高次谐波的峰峰值，还是滤波之后啮合频率的峰峰值。

当信号被调制后，情况会变得更复杂，需要考虑一个循环中最大值或平均值的影响。

实际生产的变速器会去匹配多种不同的安装状态，有时候表现好有时候表现差，所以需要设置一个合理的值，使其不受安装状态的影响。根据测量的传递误差在合理限值的上或下，将目标聚焦于变速器或其安装体上。

合理的传递误差限值也和成本相关，虽然价格和噪声水平没有直接的联系，但量产的普通变速器对应的传递误差水平不可能和造价高出三倍的变速器一样。以 μm 计的传递误差水平基本上和变速器尺寸关系不大，所以变速器大小不是一个主要的因素。虽然难以置信，但一个制作良好的直径 4mm 的齿轮，其绝对尺寸误差和一个制造良好的直径 4m 的齿轮实际上却是相当的。

传递误差峰峰值为 20μm 的限值只能适用于大型且慢速的齿轮，但这些齿轮的噪声问题通常又不太受关注。极端情况下，1μm 的传递误差峰峰值是极好的，但一般也很难达到。中等或偏小尺寸的齿轮则要求传递误差峰峰值小于 3μm，且这个要求对于满足质量标准的齿轮必须达到。

需要注意的是，这些数值都是针对带载的情况，空载时对于直齿轮来说数值会变大，即载荷使传递误差减小。

另一个需要关注的因素是传递误差是否有正确的形状，如图 7-8 所示。其中，A 曲线是直齿轮上的合理形状，B 曲线是斜齿轮上的合理曲线，C 曲线表明齿轮几何上已经出现缺陷，因为每个峰值后面都表现为突降的形式，说明两个啮合齿轮的基圆齿距不再相等。造成这种现象的原因可能是渐开线上的设计不正确，导致出现了倾斜或错误，也有可能是制造缺陷。

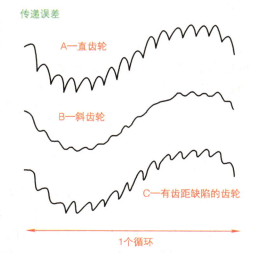

图 7-8　不同齿轮的传递误差

7.2 变速器结构

本节将分别就变速器壳体和齿轮两方面进行介绍。

7.2.1 变速器壳体的影响

变速器壳体的模态属性可以通过工况变形和试验模态分析等方式进行识别。通过对转频进行同步平均，可以对时域内变速器载荷对每个齿轮振动响应的影响进行分析。由于变速器在不同档位时使用的齿轮不同，所以"机械能量流"的流动方式也不同[7]。

变速器壳体、轴和齿轮都不是绝对刚性的结构，这使得它们在受载时会发生变形。某齿轮在不同带载状态时的平均振动响应如图 7-9 所示。可见，由于变速器变形的影响，使得响应也不同。

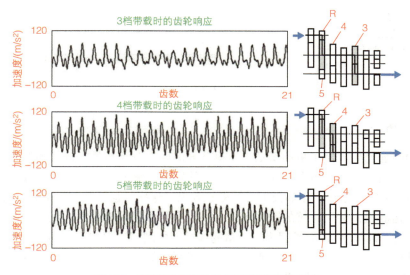

图 7-9 带载时某齿轮的同步平均振动响应

因此，为了防止不确定的齿接触，通常会在变速器壳体上进行加筋以增加其刚度，壳体内部的筋与轴垂直，壳体表面可以布置两个大而重的筋与轴平行。这样，加筋之后就可以保证靠近齿轮的轴承刚度足够，此时的振动响应就不会相差很大。下面将进行详细说明。

7.2.2 壳体结构优化

结构优化通常是最简单和最有效的措施，尤其对于产量较大的产品，更有利于经济性[16]。

图 7-10 所示为一块平板两种可能的模态振型。通过试验测试后得出，如果板中心测得的振动幅值比边缘位置的大，则板就充当了一个噪声放大器（在相关频率下），如图 7-10c 所示；如果板中心的振动幅值比边缘位置小，则其辐射的噪声就少，如图 7-10a 所示；图 7-10b 所示的情况是假定板为完全刚性的状态，实际是不存在的。

对于只是起"噪声放大"作用的板，可以通过增加板厚或加强筋的方式，使其噪声传递效果明显降低，如图 7-11 所示。

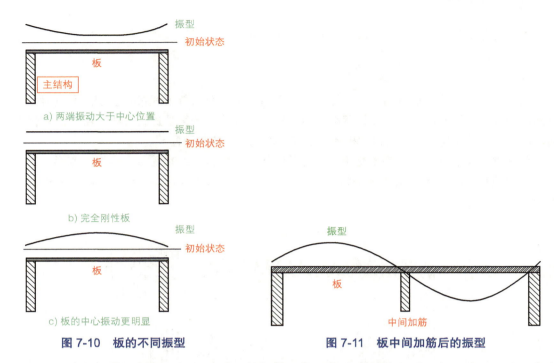

图 7-10 板的不同振型　　图 7-11 板中间加筋后的振型

可见，中间加筋后限制了板的运动，使得分开的两部分反相位振动，如果布置得当，它们辐射的噪声可以相互抵消。当在平面上加筋时，筋要有足够的高度时才能有效果，对于铸造件或焊接件，则需要它们连接到相邻板上时才能有效果。这样，板的共振频率会显著提高。

铸造的变速器通常会比焊接的壳体噪声小。但这并不是因为铸铁的阻尼比钢的大（阻尼上两者是差不多的，都很小），而是因为有弧角的铸铁面的刚度比焊接平面的刚度大得多，而且铸件的厚度通常比焊件大。由于板的弯曲刚度正比于厚度的三次方，所以即使铸铁的弹性模量不大，但其对应的壳体刚度仍然足够大。

如果每块板的刚度都确定了，那若想降低噪声，除了增加质量外别无他选。虽然增加板厚可以增大刚度，但会使质量也变大，不过现在可以使用铝合金或镁合金来解决这个问题。

在变速器设计阶段，虽然没办法进行结构试验，但可以用一个小的、相似的变速器进行测试。根据小变速器的测试结果，可以对设计的变速器进行评估。

7.2.3 齿轮的几何设计

齿啮合的振动信号对重合度很敏感，因此这里重点阐述重合度的相关内容。

重合度可以近似地认为是一个啮合循环中参与啮合的平均齿数，是决定齿轮啮合激励即噪声水平的一个很重要的参数。通过加速度信号的计算，可以得到齿的设计对平均齿啮合的影响，如图 7-12 所示。测量时关注的是带载的斜齿轮，其端面重合度 ε_α 的设计值不同，轴面重合度 ε_β 约等于 1。端面重合度和轴面重合度之和记为总重合度 ε_γ。

如图 7-12 所示，不同档位齿轮副的平均齿啮合说明：机械能量流的路径不同并不影响齿轮副的响应。这个齿轮副的平均齿啮合可以简化为图 7-13 所示的曲线。

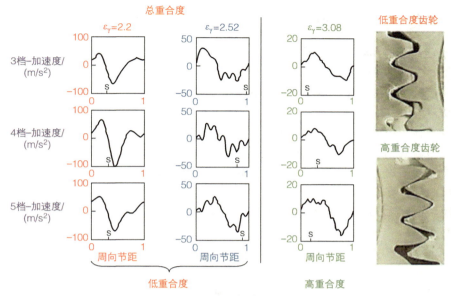

图 7-12　总重合度对齿啮合加速度信号的影响

端面重合度的值小于 2 时称为低重合度啮合（Low Contact Ratio，LCR），大于等于 2 时称为高重合度（High Contact Ratio，HCR）。HCR 可以比 LCR 减小噪声约 6dB。

齿啮合信号是一种验证重合度的有效方法，同时可以发现端面几何上有规律的误差，以及通过齿轮修形改进啮合。

7.2.4　齿轮质量的影响

轮齿的质量是由单个变量的最大允许值控制的。单个变量是指偏离名义值的大小，它们通过齿轮的多个参数表现出来，如节圆、齿廓形状、基圆、压力角和螺旋角等。如果齿轮完全满足这些变量时就会是一个完美齿轮，但啮合时不一定噪声就很小。当然，低噪声的齿轮也是有缺点的。

齿轮精度等级对辐射噪声声压级（SPL）的影响如图 7-14 所示。

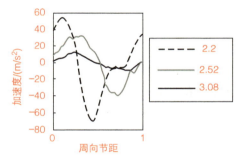

图 7-13　不同总重合度时的平均齿啮合曲线

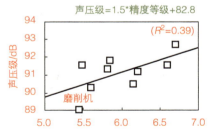

图 7-14　齿轮精度等级对辐射噪声声压级的影响

这些测量数据来自一个齿轮经过了磨削加工的变速器。SPL 的最小值（89dB）对应的齿轮是由齿形磨削机生产的，而其他齿轮是由连续偏移磨削法生产的。可以预测的是，精度等级每提高一级可以使 SPL 降低约 1.5dB。齿轮质量等级主要受齿形（齿线形式或齿对中角度）变量的影响，而径向跳动的影响则较小。如果变速器刚度足够大，则其噪声水平与齿轮的几何偏差有关。

7.3 运行状态的影响

由于变速器壳体和轴以及轴承并非完全刚性，因此当输入轴的转矩增加时都会发生变形，从而引起不对中增加。这些变形也会产生沿着载荷分布偏移，并穿过齿轮副的接触面，而这又会引起齿轮接触刚度的变化，也就是参数激励振动的主要来源。对振动进行测量有助于分析啮合齿间的动态作用力[7]。

变速器载荷和齿面修形对加速度 RMS 的影响如图 7-15 所示，数据来自变速器轴承上测得的加速度信号。其中，变速器设计的输入转矩为 1200N·m。为了避免振动增加，以及相应地由于齿和变速器结构变形引起噪声水平的升高，引入了齿廓修形、沿齿面的齿向鼓形量修形以及齿向锥度修形。修形与否的对比表明，齿轮副在齿面有修形时，名义载荷下比未修形齿轮啮合地更平稳。在台架试验时，这样的设计改进可以使 SPL 减少 3dB。

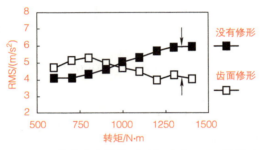

图 7-15　载荷和齿面修形对加速度 RMS 的影响

齿啮合的计算也可以作为一个工具，用来检验齿面修形对总的振动或噪声水平的影响，如图 7-16 所示的总振动值，此结果与图 7-15 中的齿啮合结果是相对应的。

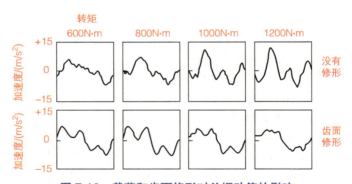

图 7-16　载荷和齿面修形对总振动值的影响

如何选择合适的齿面修形是一门艺术，只有经验丰富的设计者才能掌握，最佳的解决方案只能靠经验得到。对于小幅波动的转矩和转速，对其机械功率流的起点齿轮副施加合适的修形比较容易，但对功率流的末端齿轮副进行修形就会变得有些困难。因为末端齿轮副的运行条件是多变的，从高转速小转矩到低转速大转矩都会出现。修形评价的一般流程是这样的：选定一个齿轮，保持变速器输入的转矩不变，然后测量其不同档位下的 SPL，对比结果如图 7-17 所示。

第 7 章 振动与噪声优化

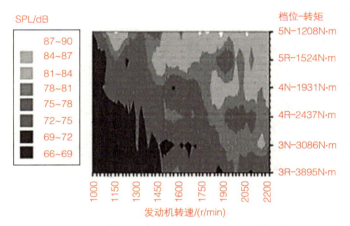

图 7-17 不同档位下齿轮副的 SPL

可见，大扭矩低转速时的 SPL 最小，而随着转速升高及转矩的增大，声压级也逐渐变大。若将 HCR 齿轮及齿轮修形引入变速器后，其对不同档位噪声水平的影响如图 7-18 所示。由图可知，重合度变大可以有效减小噪声排放。但需要说明的是，只采用 HCR 齿轮是不能有效减少噪声传递的，至少还需要提高 1.5~2 个质量等级。

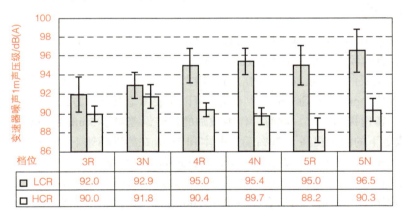

图 7-18 6 个档位下不同重合度齿轮的噪声水平对比

变速器噪声降低后，其生命周期也会翻倍，因为作用在齿间的动态力减少了。例如 HCR 齿轮对传动系的生命周期就有正向影响，平稳的啮合减少了动态力的幅值，也减少了其达到出现疲劳断裂的时间段，生命周期明显提高。

7.4 悬置优化

大多数变速器的悬置都为橡胶悬置。但这些悬置在设计时基本上都没有针对啮合频率进行考虑，而这个频率又恰好是变速器主要的激励源[16]。

许多机构的悬置都是用来避免转动频率的，有的理论认为悬置频率最好是 24 倍的转频。图 7-19 所示为隔振的典型响应曲线，展示了理论上的单自由度响应和实际可能发生的响应，这种现象在赛车气门弹簧上经常出现。

为了能有效地隔绝啮合频率，需要对悬置进行定制设计，所以要么将悬置设计到更高的频率，要么针对同时包含转频和啮合频率的情况进行两级隔振。由于转频较低，所以一般不会成为噪声，但能以振动的形式感觉到其存在，而啮合频率就不能以振动的形式被感觉到。此外，对于三向悬置，还需要关注其侧向或垂向与扭振的解耦，防止它们的耦合。这对车辆来说特别重要，因为发动机的扭转振动较大，尤其是怠速的时候。

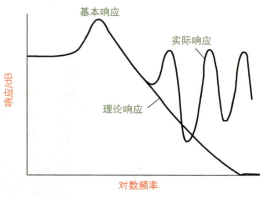

图 7-19　隔振的典型响应曲线

另一个需要关注的问题是动态载荷。通常情况下，软的支撑弹簧能起到好的隔振效果，但当载荷突然增大后又需要弹簧有足够的刚度来抵抗变形。这种现象在乘用车上会存在，因为悬置支撑着横向的发动机、变速器和差速器总成，最大功率时整个系统需承受的力矩可达 2000N·m 的水平，但当力矩为 100N·m 时还要求其行驶噪声要小。此时，最好的解决办法就是采用非线性悬置，即力矩小时悬置较软，力矩增大时可以锁止为大刚度。庆幸的是，驾驶员一般不关注低档位大转矩时的高噪声。

7.5　频率的改变

对于噪声问题的整治可以尝试增加齿数，即选用小模数齿轮。但这种措施很多时候也会像其他措施一样，有时候有效果，有时候反而会变差。

齿轮减小后主要的问题是其相应的应力会增大，而且改变变速器齿轮的参数通常会使成本增加（比如模数从 6mm 减小到 5mm）。因此，可以需要考虑其他的方式，比如让齿轮系在同样的转矩水平下转速提高 20%。此时，作为激励的传递误差对于 5mm 和 6mm 来说基本是一样的，但 6mm 模数下的激励提高了 20% 后，基本和 5mm 在标准转速下的一样。齿数改变的目的是在已知共振频率的前提下，改变激励频率，将其远离共振频率。

有时候是不存在共振现象的，这时的频率改变只是将噪声转移到了一个不太让人感到烦躁的频率。一般常用的规则是，当啮合频率高于 1000Hz 时频率往上转移、低于 500Hz 时频率向下转移。

之所以要避开 500~1000Hz 的频带，是因为在 A 计权下人耳对这个范围比较敏感，且许多结构也在这个范围内产生噪声。对于更高的频率波长会变小，板的振动也趋于反相位，二者可以相互抵消。对于低频率，速度及其产生的声压级都明显下降，人耳也不再敏感了。

7.6　阻尼的影响

一般情况下，人们通常会想到用阻尼来减小噪声水平，或者在变速器上，或者在变速器的安装结构上。

对于汽车车身壳体这样的薄板部件，增加阻尼是可以显著降低其振动和噪声水平的，但对于变速器来说，阻尼的增加可能并不能起到很好的效果。因为在薄板壳体上增加一层厚度为 0.75mm 的阻尼材料，可以吸收大部分经过板的弯曲波能量，且由于质量的增加，薄板的固有频率也进一步的减小，但如果板为 25mm 厚的钢板，则就没有合适的阻尼材料来吸收能量了。

现在机械设计者正尝试将阻尼材料嵌入到铸造过程中，但很难真正实现。而对于一些复合材料，虽然其阻尼比钢材料高，但其刚度也比钢材料小很多。

虽然在一些不受应力的部件上有成功的应用案例，比如内燃机摇臂罩，其是在两层铝合金中间加入了阻尼材料，类似于三明治的结构。但想把这种结构扩展至变速器壳体上却不一定行得通。

如前所述，虽然铸铁的阻尼比钢大，但相比于来自螺栓连接、热配合、松动件异响的阻尼，材料的阻尼基本可以忽略不计。尽管塑性材料的阻尼大，但一些厨房家用设备壳体采用塑性材料后，其噪声水平反而比原来金属铸件壳体的还要高。

当前生产实际中经常用到的一项技术是可调阻尼吸振器，如图 7-20 所示。由可变形的橡胶组成的阻尼弹簧原件，通过调节可以使其频率低于共振频率，弹簧上面可以支撑任意的质量。橡胶很常见，即使是很低的振动幅值下，它也拥有近乎最优的内阻尼水平。理论上也可以使用钢弹簧和油阻尼器，但由于密封和调整问题，一般应用较少。

可调阻尼吸振器需要将其仔细调节到正确的频率，且通常只有当一定条件下才值得调节，比如辅助质量高出共振有效质量的 10%，或原始动态共振放大系数（Q）大于 8。调节后，可以使 Q 降低到 4。

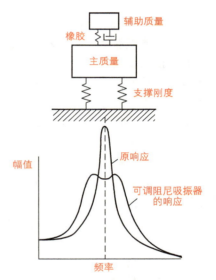

图 7-20 可调阻尼吸振器的响应

还有一种不可调节的阻尼减振器，如兰彻斯特减振器，它只使用质量和黏性阻尼，可以工作在一定的频率范围内，但是需要的质量更大，阻尼的作用却较小，所以一般很少应用，除了像发动机这种扭转振动经常发生的情况。

7.7 生产质量控制

当有噪声产生后，在用户的安装结构不能改变的情况下，一般会倾向于将所有的容差间隙减半，从而确定所有的齿轮都"变好"了。当然了，这些操作一般是没有用的，尤其是对于有缺陷的齿轮，而且实施起来也会花费很多。

假如带载传递误差的研究取得了一定的发展，并且得到了限值，比如 4μm，则要实现它的路径有很多。首选的是运行一个模型，看看型线、螺旋线和齿距误差对设计的影响。这样可以得到设计结构对各个参数的敏感度，从而决定制造容差的范围。如果这些容差不够经济性，还可以采取以下选择：

① 如果可以的话，改变设计，使其不敏感；
② 大幅度减小容差；
③ 制造件适度报废。

第 2 种选择经常使用，但成本太高；第 3 种选择故意迎合零件报废率，肯定会引起生产管理者的极大不满,然而令人惊讶的是,这可能却是最经济的解决方式,因为管理者不允许哪怕是一小部分有噪声问题的产品流入市场。这就意味着在生产线上会进行100%的传递误差检查。

生产线上进行100%的传递误差检查看起来花费很高,但实际上却是节约成本的,因为后面对渐开线和节距的检查就可以减少了,即使有缺陷或改变,在传递误差检查时也能发现。此外,这样的操作还有一个好处,即检查是对一副啮合齿轮同时进行的,而不是分别针对单个"主齿轮",准确性更高一些。

如果检测出齿轮啮合时总的传递误差在4μm的水平,则每个齿轮的制造误差应该在±2μm以内才能保证总的误差水平。这样可以很好地保证大小齿轮的废品率在10%的水平。也就是说,对齿轮副一起检测可以有效减少废品率,如图7-21所示。

例如,尺寸为A的大齿轮,单独检测时可能已经属于废品了,但可以和尺寸为B的小齿轮完美匹配,而尺寸小于C的小齿轮基本上占到了可制造范围的75%。这些影响可以轻松地将废品率降低80%。

所以,综合来看,传递误差检查的花费还是要低的。单从商业的角度看,传递误差检查的花费和渐开线、螺旋线或齿距的检查费用相当,但由于其检测速度快,因此生产量就大,也就相对降低了成本。

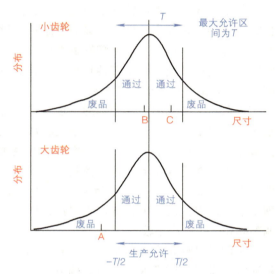

图 7-21 合并检测减少废品率

此外,可以对单独的部件配置专用的高精度检测设备,这样也就不用再配置一般用途的设备了。

7.8 经济性

前面已经介绍了各种相关的措施,如果回归到噪声产生的根本上,即为齿轮误差、变形及扭曲等产生了传递误差,由此引起了齿轮振动、轴承动态力,进而引发了壳体振动并辐射出噪声。

对于线性系统,理论上可以改变这条传递链上的任一部分,一次性来降低噪声,也可以选择其他的措施,如减小传递误差、内外部的动态响应、悬置优化,或对辐射出来的噪声进行控制等,但各降噪措施都必须要考虑的一个因素是经济性。

当考虑到经济性的时候,则对辐射出的噪声进行控制的措施就可以排除了,除非可以建立一个密闭的包裹空间。

一般情况下,首先需要关注的问题是传递误差的确定,因为它可以快速地给出提示,即噪声问题是由于齿轮的原因还是结构的原因引起的。如果不确定这些,就可能会把很多的精力浪费在尝试优化齿轮或壳体结构上,而这些结构可能本来就已经足够好了。

7.9 仿真技术的应用

除了前面提到的各种相关措施外，针对汽车变速器振动噪声问题，CAE 仿真技术得到了越来越多的应用。通过在设计初期对变速器关键部件及总成进行 CAE 分析，可以有效缩短开发周期、提高产品开发一次性成功率，并有效地降低开发成本。

通常，在变速器开发中用到的 CAE 分析包括模态分析、动刚度计算分析、总成动力学分析及声学分析等。本节主要对相关内容进行简单介绍。

7.9.1 模态分析

模态分析是变速器仿真计算中的基础内容，为了了解变速器中齿轮、壳体及总成的模态频率及振型，需要进行部件及总成的模态分析。

某齿轮的模态仿真结果如图 7-22 所示。

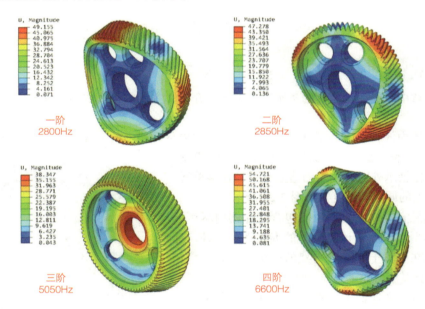

图 7-22 某齿轮模态仿真结果

齿轮的模态频率和振型结果需结合激励频率一起分析，其模态频率需避开常用的激励频率范围，尤其对于厚度较小的齿轮，其模态频率会进一步降低，应重点关注。

某变速器壳体的模态仿真结果如图 7-23 所示[17]。

壳体承受了由轴承座传递来的动态力，是辐射噪声的主要声源。为了减小其辐射噪声的能力，就需要保证其刚度满足要求。通常情况下，应避免变速器壳体有较大区域的平板状结构，尤其是铝合金材料的壳体，应按需在其表面加筋。

除此之外，还应对变速器总成进行模态计算，其中，总成模型应包含齿轮系统、齿轮轴和壳体等主要部件，对于外部附件和其他质量件，可以通过施加质量点的形式附加在总成模型中；对于啮合齿轮副，可在其啮合齿之间进行局部小区域的刚性连接，近似地模拟啮合刚度，从而得到整个总成的模态结果并进行综合分析。

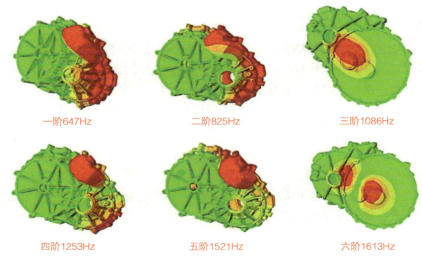

一阶647Hz　　　　二阶825Hz　　　　三阶1086Hz

四阶1253Hz　　　　五阶1521Hz　　　　六阶1613Hz

图 7-23　某变速器壳体模态仿真结果

7.9.2　动刚度分析

在第 3 章中已经对动刚度的基本内容进行了介绍，主要的仿真内容即轴承座动刚度和悬置动刚度。

计算壳体内的轴承座动刚度时，需包含变速器内尽可能多的部件模型。但有时为了快速计算，常将旋转部件去掉，只保留非旋转部分的模型。计算时，常在轴承外圈的内表面建立相关的连接单元，计算其中心点的原点动刚度，如图 7-24 所示。

计算其悬置动刚度时，也需包含变速器内尽可能多的部件模型，以保证计算结果的准确性。此外，计算时通常是在壳体上和悬置支架的连接凸台处建立相关连接，计算其中心点的原点动刚度。

此外，对于变速器上动刚度的计算，通常 XYZ 三个方向都要进行，尤其是有斜齿轮的情况，需要关注多个方向的计算结果进行综合评价。

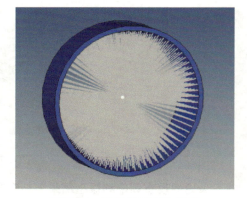

图 7-24　轴承座动刚度模型

7.9.3　动力学及声学分析

总成动力学分析是指使用专业的商用软件（如 Romax 或 Masta 等）进行包含齿轮、壳体和轴承等部件的多体动力学分析。某变速器总成动力学模型如图 7-25 所示[18]。

在动力学模型中，可对齿轮副进行修形计算，并可计算得到修形前后的齿面载荷分布和齿轮啮合力等结果，如图 7-26、图 7-27 所示。

通过对比可知，对齿轮进行合理地修形处理，可以有效地降低齿轮副之间的啮合力，并使得齿面载荷分布更加合理，从而对降低振动噪声起到积极的作用。除此之外，还可提取啮合齿轮副接触状态来判断有无敲击风险，以及总成在不同频率下的工作模态振型等结果。

图 7-25　某变速器总成动力学模型

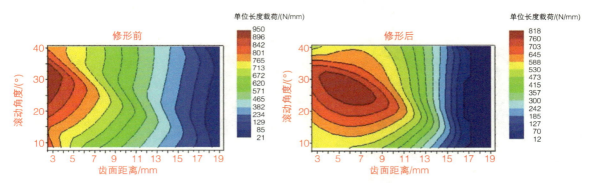

图 7-26　修形前后的载荷分布对比

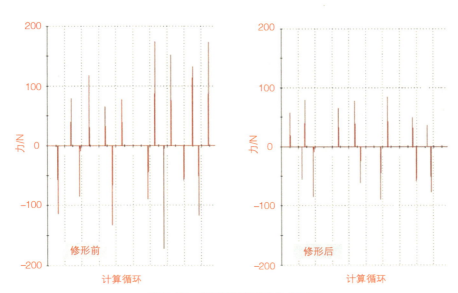

图 7-27　修形前后的啮合力对比

最后，可提取变速器壳体轴承座处的动态力，作为计算输入，进行壳体的辐射噪声仿真分析，从而得到声学结果。某变速器壳体表面声压的部分结果如图 7-28 所示[19]。

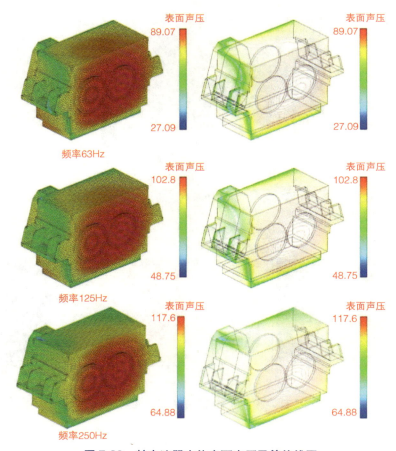

图 7-28　某变速器壳体表面声压及等值线图

以上就是变速器振动与噪声优化的相关内容介绍，当然在实际中可能会遇到更加复杂的情况，需要结合试验和仿真等多种手段去分析和尝试改进，并采取多种措施相结合，最终实现振动噪声的优化。

参 考 文 献

[1] 孙桓，陈作模，葛文杰. 机械原理 [M]. 8 版. 北京：高等教育出版社，2019.

[2] 葛剑敏，薛殿伦. 汽车声学 [M]. 上海：同济大学出版社，2013.

[3] 刘延柱，陈立群，陈文良. 振动力学 [M]. 北京：高等教育出版社，2019.

[4] 谭祥军. 从这里学 NVH- 噪声、振动、模态分析的入门与进阶 [M]. 北京：机械工业出版社，2018.

[5] PETER A. Modal Space[EB/OL].（1998-02-14）[2023-07-02]. https://www.uml.edu/Research/SDASL/Education/Modal-Space.aspx.

[6] 周湧麟，李树珉. 汽车噪声原理、检测与控制 [M]. 北京：中国环境科学出版社，1992.

[7] JOHN W. Vehicle gearbox noise and vibration：Measurement，Signal analysis，Signal processing and Noise reduction measures[M]. New Delhi：New Delhi publisher，2014.

[8] 陈永校，诸自强，应善成. 电机噪声的分析和控制 [M]. 杭州：浙江大学出版社，1987.

[9] BYRTUS M，ZEMAN V. On modeling and vibration of gear drives influenced by nonlinear couplings[J]. Mechanism and Machine Theory，2011，46（3）：375-397.

[10] 李润芳，王建军. 齿轮系统动力学：振动、冲击、噪声 [M]. 北京：科学出版社，1996.

[11] 张军锋. 手动变速箱齿轮敲击噪声的实验分析 [D]. 上海：上海交通大学，2012.

[12] 王祺. 内燃机轴系扭转振动 [M]. 大连：大连理工大学出版社，1991.

[13] 钟一谔. 转子动力学 [M]. 北京：清华大学出版社，1987.

[14] 倪振华. 振动力学 [M]. 西安：西安交通大学出版社，1986.

[15] 盛兆顺，尹琦岭. 设备状态监测与故障诊断技术及应用 [M]. 北京：化学工业出版社，2003.

[16] SMITH J D. Gear noise and vibration [M]. New York：CRC Press，2003.

[17] 邓庆斌，王瑞麟. 基于 Hypermesh 的变速箱壳体模态分析：第十届沈阳科学学术年会论文集（信息科学与工程技术分册）[C/OL]. 北京：中国学术期刊电子杂志社，2013[2023-07-01].https://kns.cnki.net/knavi/conferences/proceedings/SYKJ201309001/detail?uniplatform = NZKPT.

[18] 孙飞杨. 变速器传动系统振动仿真分析与修形研究 [D]. 合肥：合肥工业大学，2019.

[19] 廖勇军. 齿轮箱动态响应及辐射噪声数值仿真研究 [D]. 重庆：重庆大学，2019.

读者服务

机械工业出版社立足工程科技主业，坚持传播工业技术、工匠技能和工业文化，是集专业出版、教育出版和大众出版于一体的大型综合性科技出版机构。旗下汽车分社面向汽车全产业链提供知识服务，出版服务覆盖包括工程技术人员、研究人员、管理人员等在内的汽车产业从业者，高等院校、职业院校汽车专业师生和广大汽车爱好者、消费者。

一、意见反馈

感谢您购买机械工业出版社出版的图书。我们一直致力于"以专业铸就品质，让阅读更有价值"，这离不开您的支持！如果您对本书有任何建议或宝贵意见，请您反馈给我。我社长期接收汽车技术、交通技术、汽车维修、汽车科普、汽车管理及汽车类、交通类教材方面的稿件，欢迎来电来函咨询。

咨询电话：010-88379353　　编辑信箱：cmpzhq@163.com

二、电子书

为满足读者电子阅读需求，我社已全面实现了出版图书的电子化，读者可以通过京东、当当等渠道购买机械工业出版社电子书。获取方式示例：打开京东App—搜索"京东读书"—搜索"（书名）"。

三、关注我们

机工汽车

机械工业出版社汽车分社官方微信公众号——机工汽车，为您提供最新书讯，还可免费收看大咖直播课，参加有奖赠书活动，更有机会获得签名版图书、购书优惠券等专属福利。欢迎关注了解更多信息。

四、购书渠道

机工小编
官方微信

我社出版的图书在京东、当当、淘宝、天猫及全国各大新华书店均有销售。

团购热线：010-88379735

零售热线：010-68326294　　88379203